U0489889

教育部人文社会科学研究规划基金项目
项目编号：14YJA790066
项目名称：混合所有制背景下国有资本运营效率的衡量、优化与保障研究

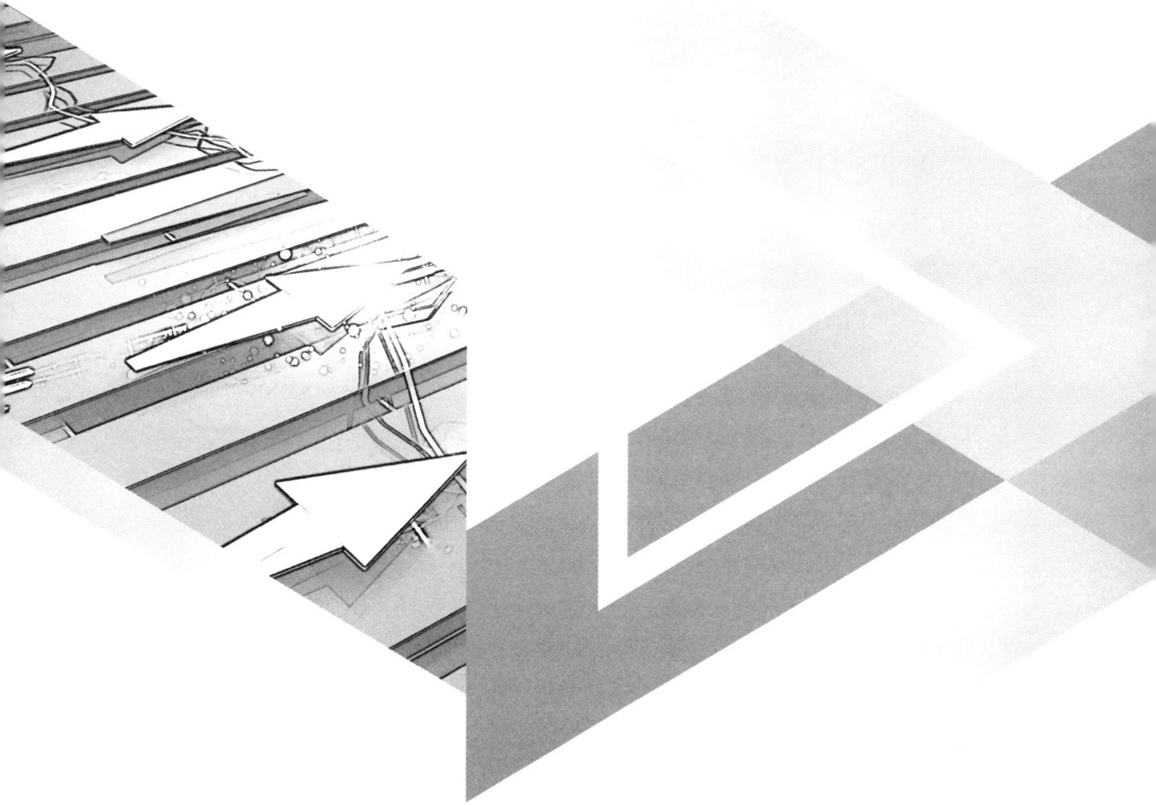

混合所有制背景下国有资本运营效率研究

徐丹丹 王婕 等著

中国财经出版传媒集团

图书在版编目（CIP）数据

混合所有制背景下国有资本运营效率研究/徐丹丹等著.
—北京：经济科学出版社，2020.9
ISBN 978-7-5218-1558-0

Ⅰ.①混… Ⅱ.①徐… Ⅲ.①国有资产-资本经营-研究-中国 Ⅳ.①F123.7

中国版本图书馆 CIP 数据核字（2020）第 077021 号

责任编辑：刘　丽
责任校对：刘　昕
责任印制：邱　天

混合所有制背景下国有资本运营效率研究
徐丹丹　王　婕　等著
经济科学出版社出版、发行　新华书店经销
社址：北京市海淀区阜成路甲 28 号　邮编：100142
总编部电话：010-88191217　发行部电话：010-88191522
网址：www.esp.com.cn
电子邮箱：esp@esp.com.cn
天猫网店：经济科学出版社旗舰店
网址：http://jjkxcbs.tmall.com
固安华明印业有限公司印装
710×1000　16 开　10 印张　170000 字
2020 年 9 月第 1 版　2020 年 9 月第 1 次印刷
ISBN 978-7-5218-1558-0　定价：68.00 元
（图书出现印装问题，本社负责调换。电话：010-88191510）

目录

第1章 绪　　论

1.1 选题背景与研究意义

1.1.1 选题背景

混合所有制作为法人治理结构最有效的组织形式，有利于将国有经济雄厚的资本优势和民间资本的活力优势集中到一起。2013 年中国共产党十八届三中全会《中共中央关于全面深化改革若干重大问题的决定》中明确提出，要“积极发展国有资本、集体资本、非公有资本等交叉持股、相互融合的混合所有制经济”，将发展混合所有制经济作为经济高质量发展阶段国有企业改革的重要手段。2014 年和 2015 年的国务院政府工作报告中均提出要加快混合所有制经济的发展，推动国企民企的进一步融合，将混合所有制经济发展作为经济新常态下激发国有企业活力、深化国有企业改革的重要抓手。2017 年党的十九大继续指出通过混合所有制改革激发国有企业的创新潜能，充分发挥国有资本在科技进步和技术创新方面的引领作用，提升国有企业的全球竞争力。2018 年国务院政府工作报告中提出“积极稳妥推进混合所有制改革，国有企业要通过改革创新，走在高质量发展前列”。这一系列关于混合所有制改革的政策必将导致国有股比例的分化，同时随着混合所有制改革的推进，国有资本与非国有资本共存的混合所有制企业将成为国有企业的重要实现形式。如何衡量混合所有制企业中国有资本的运营效率、如何优化提升国有资本的运营效率、如何深化机制体制改革保障国有资本的运营效率，从而实现国有资本保值增值并进一步发挥国有资本在经济中的主体地位和主导作用，将成为亟待研究的问题。

根据第二次全国经济普查数据，2008 年国有资本和集体资本在资本总额中的占比分别为 36.53% 和 2.94%。从上市公司数据来看，2008—2017 年，国有资本总量由 4.03 万亿元增至 15.06 万亿元，年均增速为 17%；非国有资本总量从 3.71 万亿元增至 18.82 万亿元，年均增速高达 21%。随着混合所有制改革的不断推进，非国有资本在国民经济中的比重稳步提升。财政部公布数据显示，2017 年国有企业利润总额为 28.99 万亿元，同比增长 23.5%。分析数据可以看出，混合所有制改革背景下非国有资本参股国有企业的比例不断提升，对于实现国有资本保值增值和提升竞争力、优化国有企业的股权结构和完善公司治理机制意义深远。

中国共产党十八届三中全会提出完善国有资产管理体制，主张以“管资本”为主加强国有资本监管，将国有资本投资运营公司作为国务院国有资产监督管理委员会（以下简称国资委）和国有企业的中间隔离层，从而真正实现政资分开和政企分开，优化国有资本的行业布局，提升国有资本的质量效益。至此，混合所有制企业中国有资本的监管任务将更加繁重。因此，对混合所有制背景下国有资本运营效率的分类评价及相关保障机制研究，在宏观上可为中央和地方政府制定合适的国有资本监管政策，中观上有助于国有资本投资公司的日常运作与下属企业资本监管，微观上为国有企业的日常管理提供相应的帮助。因此深入研究国有资本的运营效率，构建完善的运营效率评价指标体系，并从企业层面和国家体制机制层面提出提升国有资本运营效率的具体政策建议，对于推动国有资本可持续发展并推动经济高质量增长具有重要的理论意义和实践价值。

从现有文献来看，目前国内外学者主要从两个层面研究国有资本的运营效率：一是衡量国有企业整体的运营效率，二是从国有企业角度探讨如何提升国有资本的运营效率，缺乏对混合所有制改革背景下国有资本自身效率的衡量和优化研究。混合所有制改革是否提升了国有资本的运营效率，是否有必要进一步深化混合所有制改革，国内外学者从两个角度回答了这一问题：一是从理论和实证两个层面比较分析了国有企业、民营企业和混合所有制企业的运营效率，二是探讨混合所有制改革的推进模式和混合所有制企业的运营模式，然而对于不同股权集中度视角下国有资本运营效率的衡量和优化缺乏系统深入的研究。基于此，本书以混合所有制企业为研究对象，在衡量整体运营效率的基础之上，按照国有股权集中度对混合所有制企业进行分类，对其运营效率的衡量、优化和保障进行系统研究，这在国内算是一个新的尝试①。

1.1.2 研究意义

1. 学术价值

本书进一步丰富和拓展我国上市公司运营效率的研究。以往文献表明，关于国有企业效率的研究成果颇丰，然而国有企业效率高低与否的争论一直没有定论，“国进民退”与“国退民进”的争论高潮已有数次。从目前梳理来看，国有企业效率高低的争论开始以理论为主，然后逐渐转变为通过数据分析、实证分析来佐证理论结论，但是就目前的研究成果来讲，效率比较及分析所使用的方法略显单一，考察国有上市公司中国有股权集中度对公司运营效率影响的文献数量也较少，将效率测度应用于国有企业运营效率的实证研究文献几乎没有。本书试图构建起相对完整的国有企业效率评价体系，并采用数据包络分析方法（Data Envelopment Analysis，DEA）模型对不同股权集中度的国有企业的运营效率、综合效率、技术创新效率进行测度分析，以期从理论和实证两个层面进一步补充与完善我国国有资本运营效率的研究，从而为国有企业的分类改革提供可行的框架。

2. 应用价值

从宏观层面看，本书建立了1000余家国有企业效率评价相关指标的完整数据库，构建了国有资本运营效率评价指标体系，以及运用DEA投影分析要素投入的冗余以及产出不足，有助于动态评估国有资本运营效率，并提出具体的优化建议。由于公开数据库没有国有股集中度这一指标，项目组手工收集了1060家国有企业效率评价的完整数据库，有利于相关领域学者深入研究。项目组构建了国有资本运营效率的综合的指标体系，有助于对国有资本运营效率进行动态评估，从而为考核评估和后期优化奠定基础。本书在此基础上，通过实证分析和DEA投影分析等方法的运用，对混合所有制背

---

① 徐丹丹，孙梦超．混合所有制与国有资本运营效率研究综述［J］．商业经济研究，2015（17）：105－106。

景下国有资本运营效率提出具体的优化方案和制度保障建议，具有现实指导意义。

从行业层面看，从国有股集中度视角对国有资本运营效率的研究发现国有股集中度对国有资本运营效率的影响存在着明显的行业差异，意味着混合所有制改革优化股权结构和调整国有股比例时应考虑行业差异。分行业研究中，只有制造业、批发和零售业、水利、环境和公共设施管理业、采矿业这四个行业国有股权集中度与国有资本运营效率之间呈现明显的倒 U 型关系，其他行业没有发现国有股权集中度与国有资本运营效率之间的线性和二次关系。这四个行业最优国有股比例分别为 55.25%、47.40%、52.78%、66.77%，其中批发和零售业最低，这意味着国有资本应加速从竞争性领域退出。这意味着混合所有制改革优化股权结构和调整国有股比例时应考虑行业差异，这一研究结论具有现实意义。

从区域层面看，本项目对高技术产业创新效率的案例研究对于加快国有资本创新意义重大。项目对高技术产业中国有企业创新效率测算结果显示影响四大区域国有资本创新效率的因素不同，对于四大区域提升国有资本创新效率提供了方向。以东北地区为例，影响创新效率的主要是纯技术效率，而西部地区主要是规模效率损失。对于各省的研究发现纯技术效率是各省国有资本创新效率低下的主要原因，国有资本应该通过技术引进和消化吸收以及加大自主研发投入等多途径提升国有资本创新效率。

1.2 研究内容与研究方法

1.2.1 研究内容

本书主要内容是围绕混合所有制背景下国有资本的基础理论分析、国有资本运营效率现状的描述性分析、国有资本运营效率模型的构建、基于总量的国有上市公司运营效率的衡量与优化、不同股权集中度的国有资本运营效率的衡量与优化、国有资本运营效率和创新的行业案例分析，以及混合所有制背景下国有资本运营效率的优化改进和制度保障研究等内容，主要探讨了以下 6 个问题：①如何构建科学的国有资本运营效率评价指标体系？②国有资本运营效率是否是具有效率的？混合所有制改革是否提升了国有资本运营效率？③国有股权集中度是否会显著影响国有资本的运营效率？④在我国“七大战略性新兴产业”之一的高端装备制造业领域国有资本的运营是否是有效率的？⑤国有资本是否具有创新效率？如何提升国有资本的创新效率？⑥如何从股权结构优化、制度构建等角度优化和保障国有资本的运营效率？

具体研究内容共 10 章，分为五个部分，各部分的主要内容及逻辑关系如下所述。

第一部分：混合所有制与国有资本运营效率的理论基础，包括第 1 章和第 2 章。第 1 章绪论主要包括选题背景与研究意义、研究内容与研究方法、研究贡献与不足之处。第 2 章为混合所有制与国有资本运营效率的理论基础，内容包括混合所有制和国有资本等基本概念的界定，混合所有制的相关研究，国有资本运营效率评价和提升运营效率的制度保障的相关研究，以及混合所有制背景下国有企业资本运营效率及制度保障的相关研究。

第二部分：国有资本运营效率的现状描述和模型的构建，包括第 3 章和第 4 章。第 3 章为国有企业运营效率现状的描述性分析，分为总量视角下国有资本运营效率的现状分析和不同股权集中度视角下国有资本运营效率的现状分析。第 4 章为国有资本运行效率模型的构建研究。通过考察现有的研究成果，分析各种模型的优缺点，综合考虑下选用适合的模型和构建评价指标体系。

第三部分：国有企业运营效率衡量与优化的实证分析，包括第 5 章～第 8 章。第 5 章是基于总量的国有上市企业运营效率的衡量与优化研究，内容包括运用 DEA 的相关模型分别从静态和动态角度对效率变化进行衡量和分析，最后通过 DEA 的投影值分析来提出优化建议。第 6 章从不同国有股权集中度视角探讨了国有资本运营效率的衡量与优化，通过划分国有绝对控股、相对控股和一般控股的国有企业通过控制变量进行模型回归分析，对结果进行优化研究。第 7 章和第 8 章是对国有资本运营效率的两个案例研究，分别以高端装备制造业和高技术产业为例，通过 DEA 模型来分析其效率。

第四部分：混合所有制背景下国有资本运营效率的优化，包括第 9 章。主要从优化国有资本的行业布局，提升国有资本的影响力与控制力；深化混合所有制改革，从而优化国有资本的微观产权布局，提升国有资本的活力；

重视技术效率与规模效率之间的动态平衡，着力提升创新效率；以及构建科学合理的指标体系，对国有资本运行效率实行动态评估，借助投影分析制定具体的效率改进方案等方面提出混合所有制背景下国有资本运营效率的优化建议。

第五部分：国有资本运营效率的制度保障，包括第10章。主要从加快转变政府职能、完善国有资本监督管理体制；健全法人治理结构和市场化经营机制；健全法律制度体系，建立完备的法制环境，以及完善市场体系，营造公平竞争的市场环境等几个方面提出保障国有资本运营效率的建议。

图1.1为本书的研究框架。

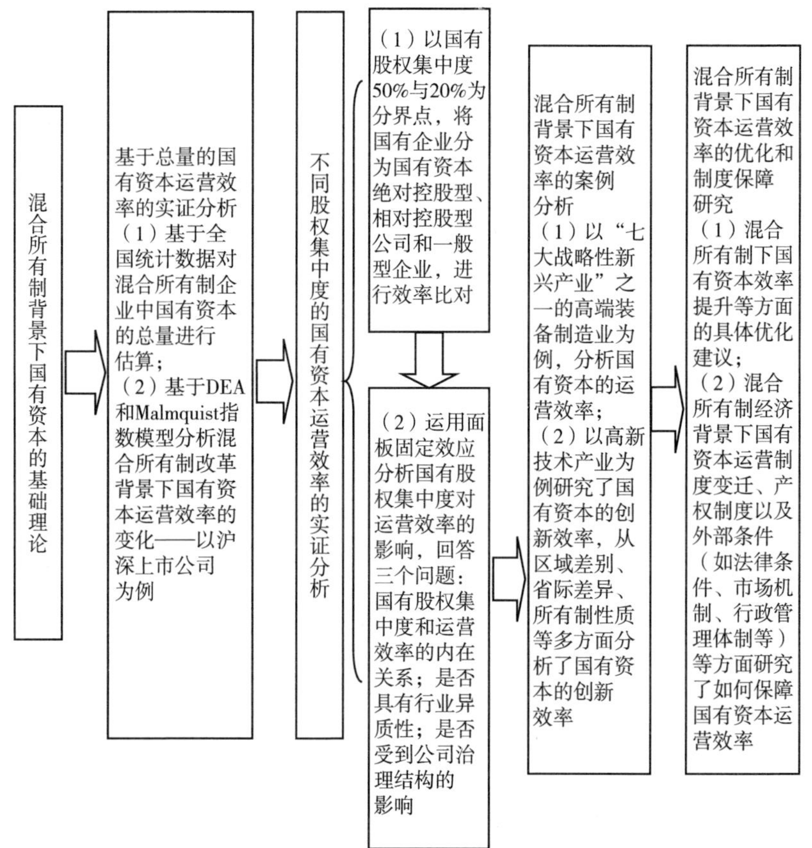

图1.1　研究框架

1.2.2 研究方法

结合研究内容，本书综合运用定性分析和定量分析相结合的方法，从宏观层面到微观层面，全面梳理混合所有制中国有资本面临的效率问题，系统研究混合所有制背景下国有资本运营效率的衡量、优化与制度保障。具体包括以下研究方法。

1. 数据包络分析（DEA）

关于效率的研究方法中，数据包络分析（DEA）是最为常用的非参数分析方法，它不需要指定函数形式或分布假设而避免了设定误差，但变量的随机误差并没有被分离研究，因此本书采用改进的DEA模型，合理选取投入产出要素指标，分别对上市公司中国有资本总量和不同类型的国有资本的运营效率进行分析，继而通过计算投影值优化和改进运营效率并对优化程度予以量化。

2. Malmquist 指数分析

马姆奎斯特（Malmquist，1953）最早于1953年从理论上提出Malmquist指数模型，凯夫斯等（Caves et al.，1982）首次将这一指数用于测算生产效率的变化。罗尔夫·法勒等（Rolf Färe et al.，1994）将DEA模型和这一理论的优点巧妙结合，自此Malmquist指数模型得到了广泛的应用。

3. 面板回归分析

本书利用固定效应面板回归模型分析国有股比例对国有企业运营效率的影响，从而寻找最合适的国有股比例区间，为混合所有制改革中的股权多元化提供指导。同时针对不同行业进行回归分析，寻找不同行业国有股比例最优区间；并结合公司治理结构变量分析国有股比例对国有企业运营效率的影响是否会受到公司治理结构的影响。

本书综合运用多种评价方法以弥补单一方法使用的缺陷。在基于总量的国有资本运营效率分析部分，综合运用随机前沿生产函数方法（Stochastic Frontier Approach，SFA）和数据包络分析（DEA）分别对基于宏观数据的国有资本总量和基于上市公司数据的国有资本总量的运营效率进行衡量；另外，本书还运用简单统计方法对上市公司的国有股权集中度进行分类，将上市公司国有资本划分为不同类型，并基于衡量总效率模型（CCR）、衡量纯技术和规模效率模型（BCC）的数据包络分析（DEA）对不同类型国有资本进行了效率评价，从而能够使实证结果得到相互验证，这些方法的综合运用是目前大多数研究没有涉及的，也是本书可能的创新之处。

1.3 研究贡献与不足之处

1.3.1 研究贡献

本书的主要研究贡献体现在以下几个方面。

第一，丰富和拓展了混合所有制背景下国有资本运营效率研究的学术文献。厉以宁、刘诗白（1986），宗凤鸣（1987）对全民所有制企业实行股份制的理论可行性进行了初步探索。蒲宇飞（2013）和黄速建（2014）认为混合所有制可以拓宽非公有资本的投资渠道，为他们进入原来不能进入或难以进入的领域提供条件，为非公有制企业营造良好的市场竞争环境（周绍朋和朱晓静，2015）。其他经济学家（Fabio Monteduro，2014；Nguyen，2015；吴万宗和宗大伟，2016）等进一步研究了混合所有制企业的效率问题。国内外学者从有效降低信息不对称问题、拓宽非公有制资本的投资渠道、营造竞争有序的市场环境等方面对混合所有制企业的运营效率展开了广泛的研究，然而缺乏对混合所有制背景下国有资本运营效率衡量指标、模型测度和实证分析的研究。本书将考虑混合所有制背景下国有股权比重分化的基本事实，构建国有企业效率评价体系和效率测度模型，系统构建国有资本运营效率衡量的评价指标体系，并区分不同股权集中度等方面对国有企业混合所有制改革的现状进行了评价，这一研究为国有企业混合所有制改革的进一步进行提供了理论和实证经验，为国有资本运营效率的科学衡量和动态评估奠定了基础，丰富和拓展了混合所有制背景下国有资本运营效率研究的学术文献。

第二，系统构建了国有资本运营效率衡量的评价指标体系，为国有资本运营效率的科学衡量和动态评估奠定了基础。本书从研究方法、指标选取和基本结论三个方面系统梳理了国有资本运营效率评价的相关文献，国内外主要从“直接效率”和“间接效率”两个层面构建国有资本运营效率的指标体系（姚东旻、李军林，2016）。“直接效率”主要关注经济效率，包含技术效率、财务效率（或经营效率）、资源配置效率和综合效率多个方面（刘小玄，2000；吴延兵，2012；杨汝岱，2015；刘晔等，2016）。然而随着国内国有企业改革的不断深化，对“间接效率”的关注与日俱增，认为对国有资本运营效率的全面评价离不开国有资本的特殊功能，从技术提供、增进社会整体福利、提供公共物品和就业等多个方面衡量了国有资本的效率（刘瑞明和石磊，2010）。本书从“直接效率”和“间接效率”两个层面入手，结合数据的可得性，构建了国有资本运营效率的评价指标体系，最终确定 9 个指标，其中投入指标 4 个，包括资产总额、员工人数、营业总成本和全部高管持股市值；产出指标为 5 个，包括利润总额、营业总收入、每股收益、纳税总额和发明专利等，据此进行国有企业效率的综合考量，为国有资本运营效率的科学衡量和动态评估奠定了基础。

第三，补充和完善了混合所有制改革对国有资本运营效率影响的学术研究。2013 年中国共产党十八届三中全会启动的混合所有制改革是否提升了国有资本的运营效率？混合所有制改革是否有效？张辉等（2016）、刘晔等（2016）、王业雯和陈林（2017）等通过研究发现混合所有制改革显著提升了国有资本的运营效率，不同于前人的研究，本书综合运用多种方法，如 DEA 分析和 Malmquist 指数分析从静态与动态两个角度对混合所有制改革后国有资本的运营效率进行了分析，研究发现自 2014 年后处于生产前沿的国有企业数量和占比逐年提升，验证了混合所有制改革对国有资本运营效率的正向激励。

第四，从国有股权集中度视角丰富和拓展了国有资本运营效率的研究，对国有股权集中度、公司治理结构和国有资本运营效率的内在关系进行了深入探讨。本书利用 2008—2017 年沪深国有上市企业数据构建固定效应面板模型发现国有股比例与国有资本运营效率之间存在倒 U 型关系，与禹心郭等（2018）、徐传谌和张海龙（2018）、赵斌斌和钱士茹（2017）等的研究结论一致。不同于前人的研究，本书从行业异质性和公司治理结构两个视角进行了拓展研究，研究结论显示混合所有制改革对国有资本运营效率的影响存在显著的行业差异。同时还从股权制衡、内部治理结构和薪酬激励三个方面考察了国有股权集中度对国有资本运营效率的影响是否会受到公司治理结构的影响，结论显示不会受到公司治理结构的影响，这可能与国有企业公司治理结构有待完善有关。

第五，补充和完善了具体行业国有企业的运营效率的相关研究。以往的文献虽然也有对具体行业国有企业的运营效率的测算、分析和比较，但是它们使用的计量方法、研究角度和数据指标都是不相同的，难以形成持续的研究体系。本书通过对以往文献进行分析，收集了近些年国有企业的最新数据，综合分析现有文献的指标架构，从科学性、合理性和可操作性等方面对这些指标进行分类梳理并构造出完整的国有企业运营效率测评体系。通过该体系，对高技术行业的创新效率、高端装备制造业的运营效率进行了具体分析，从区域差别、所有制性质、静态效率和动态效率等几个方面对具体行业进行了实证研究，通过这些研究一方面对现有的国有企业运营效率的文献有了一个补充，另一方面可以对国有企业效率现实有更好的、更直观的认识，进而可以有针对性地提出改进方案和措施。

本书除了上述理论贡献之外，还具有重要的实践意义。主要表现在以下几点。

第一，构建了完整的国有资本运营效率研究数据库，构建的国有资本运营效率评价指标体系和 DEA 投影分析对于动态评估国有资本运营效率并提出具体的优化建议具有重要的现实指导意义。由于公开数据库没有国有股集中度这一指标，本书手工收集了 1060 家国有企业 2008—2017 年 10 年间前十大股东的股权性质指标，并且结合万得（Wind）资讯和国泰安（China Stock Market & Accounting Research，CSMAR）数据库构建了涵盖国有上市企业股权构成、公司治理结构、财务绩效、社会责任等的完整数据库，有利于深入研究。本书构建的国有资本运营效率评价指标体系，从经济效率、社会效率等多个角度构建了综合的指标体系，有助于对国有资本运营效率进行动态评估，从而为考核评估和后期优化奠定基础。DEA 投影分析有助于对要素投入的冗余以及产出不足等进行优化，制定具体的优化方案。

第二，从国有股集中度视角对国有资本运营效率的研究发现国有股集中度对国有资本运营效率的影响存在着明显的行业差异，意味着混合所有制改革优化股权结构和调整国有股比例时应考虑行业差异。分行业研究中，只有制造业，批发和零售业，水利、环境和公共设施管理业，采矿业这四个行业国有股权集中度与国有资本运营效率之间呈现明显的倒 U 型关系，其他行业没有发现国有股权集中度与国有资本运营效率之间的线性和二次关系。这四个行业最优国有股比例分别为 55.25%、47.40%、52.78%、66.77%，其中批发和零售业最低，这意味着国有资本应加速从竞争性领域退出。这意味着混合所有制改革优化股权结构和调整国有股比例时应考虑行业差异。

第三，对高技术产业创新效率的案例研究对于加快国有资本创新意义重大。本书对高技术产业中国有企业创新效率测算结果显示影响四大区域国有资本创新效率的因素不同，对于四大区域提升国有资本创新效率提供了方向，以东北地区为例，影响创新效率的主要是纯技术效率，而西部地区主要是规模效率损失。对于各省的研究发现纯技术效率是各省国有资本创新效率低下的主要原因，国有资本应该通过技术引进、消化吸收和加大自主研发投入等多途径提升国有资本创新效率。

第四，系统地提出针对混合所有制背景下国有资本运营效率的优化方案。目前国家对国有资本需要重点布局行业和领域缺乏明确具体的定义，因而在实际操作中国有企业难以确定自己是否属于重点布局领域，不利于国有资本优化布局。对于关系国家安全和经济命脉的重要行业与关键领域，本书提出出台细分的产业目录，指导国有资本战略调整。国有资本的优化布局不仅会受到产业发展的影响，同时也与国家宏观调控手段息息相关，我们有必要建立国有资本战略布局动态调整机制。基于此，本书提出三点建议：其一，优化国有资本的行业布局方案，以提升国有资本的影响力和控制力；其二，优化国有资本的微观产权布局，进一步提升国有资本的活力，推动员工持股试点，建立激励约束长效机制；其三，重视技术效率与规模效率之间动态平衡，扬长避短，利用自身的比较优势提升创新效率。

第五，对当前混合所有制背景下国有资本运营效率的制度保障的创新研究。本书提出不仅要妥善处理好政府、国有资本监管机构和国有企业之间的关系，完善国有资本监督管理体制，同时妥善处理好政府、国有资本监管机构和国有企业之间的关系，完善国有资本监督管理体制，同时也要通过内功修炼和外部环境优化两个层面健全相关制度体系：一方面在国有企业内部建立有效制衡的法人治理体系和灵活高效的市场化经营机制；另一方面通过构建完备的法制环境和市场体系为混合所有制改革营造良好的外部环境。基于以上考虑，本书从国有资本监管机构的职能转变、国有企业的考核和监管、健全法人治理结构、市场化经营机制和法制制度等方面综合探讨了国有资本运营效率的制度保障的手段和效果。

1.3.2　不足之处

本书的主要研究成果依据了整理的1000余家上市国有企业数据，进行了总体研究，并选取了代表性的两个行业进行了分析，但限于时间、精力和财力，未能进入到具体的每一个国有企业、行业中去调研，因此在提出结论和政策建议方面可能会存在一定的不足和偏差，无法做到面面俱到，这也是接下来值得我们继续研究和努力的方向。

本书的主要研究成果提出了针对混合所有制背景下国有资本运营效率的制度保障方面的建议，但具体到每一个行业，国有资本如何与非国有资本进行组合，如何在资本市场上使国有资本发挥出更高的效率，同时保障国有企业继续占据主体和关键地位，还需继续深入研究。

第2章　混合所有制与国有资本运营效率的理论基础*

2.1　基本概念的界定

2.1.1　混合所有制概念的界定

1. 国家层面的混合所有制概念的提出和发展

1993年中共十四届三中全会《中共中央关于建立社会主义市场经济体制的决定》中第一次明确提出"财产混合所有"的概念，认为随着民营经济和外资经济的发展，民营资本、外资与国有资本和集体资本的混合将形成新的财产所有制结构，在国民经济中将占据更加重要的地位。

1997年党的十五大首次提出混合所有制的概念，认为"公有制经济不仅包括国有经济和集体经济，还包括混合所有制经济中的国有成分和集体成分"。此时，混合所有制主要是相对于单一的所有制而言的，因此混合所有制经济中既有国有资本和集体资本，还包括以民营资本和外资为代表的非公有制资本。

2003年中国共产党十六届三中全会第一次对"混合所有制经济"给予明确界定，即"国有资本、集体资本和非公有资本等参股的混合所有制经济"。

---

* 本章主要内容为项目的阶段性研究成果，已公开发表，论文信息：徐丹丹，孙梦超．混合所有制与国有资本运营效率研究综述［J］．商业经济研究，2015（17）：105－106。值得注意的是本书加入了很多新的研究内容，进行了大幅度调整。

2013年中共十八届三中全会《中共中央关于全面深化改革若干重大问题的决定》中进一步明确了"混合所有制经济"的定义，认为混合所有制经济是指"国有资本、集体资本、非公有资本等交叉持股、相互融合"的经济形式，并指出混合所有制经济是基本经济制度的重要实现形式。

2. 学者对混合所有制概念的探讨

自党的十五大以来，国内的学者也从不同角度对"混合所有制"的概念、性质和实现形式进行了界定和研究。

（1）广义和狭义层面的理解

从广义角度来看，学者们将混合所有制经济界定为不同所有制经济之间的融合，既包括国有资本、集体资本与其他非公有制资本之间的融合，也包括国有资本和集体资本之间的融合（何伟，2004；余菁，2014；肖贵清和乔惠波，2015；刘长庚和张磊，2016；张文魁，2017；任栋等，2017）。从狭义角度来看，混合所有制经济仅指公有资本与非公有资本的融合。而程承坪和刘凡（2015）认为集体资本不是关注的重点，因此认为混合所有制经济仅为国有资本与非公有制资本（私营资本、个体资本、外国资本）之间的融合。

（2）宏观和微观层面的理解

王永年（2004）认为"混合所有制"包含三个层次：宏观层次指我国基本经济制度中多种所有制成分并存；中观层次指各产业部门混合经济的形成；微观层次即不同性质资本融合形成的企业主体。学者们普遍认为应该从宏观和微观两个层面理解"混合所有制经济"。宏观层面上，混合所有制是指国家经济结构中，国有、集体、私营、个体、外资等多种所有制形式并存，称为社会的混合所有制（朱光华，2004；黄群慧，2013；程恩富和谢长安，2015；Nguyen Xuan，2015），关注的是不同所有制的构成和比重（荣兆梓，2014；刘伟，2015）。微观层次主要是指企业内部不同所有制性质资本的融合，即混合所有制企业（孙蚌珠，2015；Romano Giulia & Guerrini Andrea，2014；Fabio Monteduro，2014；Guy Liu et al.，2015；綦好东等，2017）。而张晖明和陆军芳（2015）认为从理论上应从宏观和微观两个层面来理解，然而实际操作中关注的"混合所有制经济"主要指微观层面的混合所有制，即国有资本、集体资本和民营资本、外资等非公有制资本在企业层面的融合。程承坪和刘凡（2015）则认为并不存在宏观和微观的概念之分，混合所有制经济应该是宏观层次的。

（3）混合所有制的性质的判断

学者们认为混合所有制改革虽然也伴随着国有股权比重的下降和企业股权的分化，但与“私有化”有着本质的差异：首先，虽然混合所有制改革伴随着部分国有企业国有股份占比的降低，然而国有资本在国有经济中的主导地位和支柱作用不会动摇，这与“私有化”有着本质的不同。其次，混合所有制改革的方向是双向的，既有非公有资本参股国有企业，同时也有国有资本投资民营企业，与单向的“民营化”也有明显区别（刘长庚和张磊，2016；綦好东等，2017）。

（4）混合所有制的实现形式的概括

綦好东等（2017）通过总结发现我国当前推进混合所有制改革的主要方式有：公开上市、“内引外投”、员工持股、成立国有资本投资运营公司等。国有企业可以通过公开上市很自然地实现所有权混合。其中“内引外投”中的“内引”主要指国有资本引入民营或外资等非公有制资本，“外投”指国有资本以兼并重组或新设企业的方式投资于非国有企业。成立国有资本投资运营公司可以利用专业团队运作，优化资本布局，同时可以阻断国资委等监管机构对企业经营的直接干预。员工持股可以促进员工与企业之间的激励相容（黄群慧等，2014）。高青松和唐芳（2016）认为混合所有制的实现形式包括整体上市、兼并重组、产业链重组和员工持股等。

综上所述，混合所有制宏观上是指要让各种所有制结构并存，中观上是指重点领域的“混合所有制经济”，微观上，则是指在一个具体的企业中，其所有者在性质上呈现为多元化的状态。本书从微观层面研究混合所有制，即由国有资本和集体资本以及非公有制资本相互融合构成的混合所有制企业，研究不同国有股权比例的国有资本运营效率的差异。

2.1.2　国有资本概念的界定

1. 国有资本的概念

从经济学的角度分析，国有资本是国有资产的价值表现。根据马克思主义政治经济学的观点，国有资本就是指国家直接或者间接投资形成的资本以及凭借资本所有权享有的权益。我国国有企业与国有资产的称谓比较普遍，而国有资本的提法相对较晚。1997年国家体改委《关于城市国有资本营运体制改革试点的指导意见》中首次界定了国有资本的概念，指出“国有资本是资本性质的经营性国有资产”，认为国有资本的主要目的是实现价值增值。2004 年国资委颁布的《企业国有资本保值增值结果确认暂行办法》将国有资本定义为“国家对企业各种形式的投资和投资所形成的权益，以及依法认定为国有所有的其他权益”。

国有资本是经营性的国有资产，其在内涵上是国家所有的权益；外延上，国有资本是国家投资于企业及其增值所形成的资本，不仅包括国有独资企业、绝对控股企业、相对控股企业和一般参股企业的国有资本，还包括投资于中外合资企业、股份制企业等企业中的国有资本。

2. 国有经济、国有企业、国有资产、国有资本的概念辨析

国有经济、国有企业、国有资产和国有资本这四个概念有明显的区别，然而也存在紧密的联系。首先分析国有经济、国有企业、国有资本的区别与联系。在内涵上，国有经济是指生产资料归全体人民所有。从微观层面上来说，国有经济包括中央和地方各级国家机关、事业单位和社会团体使用国有资本投资举办的企业，也包括实行企业化经营的事业单位和从事经营性活动的社会团体以及上述部门投资举办的企业。国有经济与国有企业和国有资本的内在联系为：国有经济在物质存在形式上表现为国有企业，而价值表现形式为国有资本。

国有资本与国有企业的含义并不相同。国有企业概念的界定一直以来都有争议，国内大部分学者认为我国的国有企业是指国家独资或控股的企业。也有学者认为国有企业指资本全部或部分由国家所有并为国家直接或间接控制的企业，因此不仅包含国有独资或控股的企业，也包括参股国有企业。笔者认为国有企业是由国家投资建立的企业（典型的国有企业是国有独资或控股企业，也包括国有参股企业）。国有企业是国有资本运行的载体。在国有企业中，国家投资及其投资产生的权益属于国有资本，存在于国有独资企业、国有控股企业和国有参股企业中。

国有资产与国有资本区别明显。广义的国有资产指国家所有的一切财产和财产权利，包括经营性国有资产、资源性国有资产等；狭义的国有资产仅指经营性国有资产。因此广义上国有资产比国有资本的范畴更大，狭义上国有资产和国有资本属于同一范畴。

3. 国有资本的特征

学者们普遍认为国有资本具有经济性和公共性双重属性。一方面国有资

本具备资本的一般特征，如增值性、流动性等。另一方面由于国有资本所有权属于国家，因此具备一定的特殊性：形成方式不同，来源于政府投资；目标多元性，不仅要实现价值增值，同时也要配合政府的政策目标，具备一定的社会属性。

国有资本的经济性在于实现价值增值，价值增值是资本的根本特征，而与普通资本不同的是，国有资本由于归属于国家，因此有一定的阶级性和社会性，国有资本应实现由其自身阶级性和社会性所规定的政治和经济目标。对于国有资本而言，经济目标主要是实现经济的高质量发展。国有资本的经济性推动作为载体的国有企业应不断深化改革，从而提升国有资本的活力和创新能力。

国有资本的阶级性和社会性意味着由于国有资本归属于国家，因此在追求经济利益最大化的同时，也要追求社会福利的最大化。国有资本需要承担提供公共服务、保障国家安全、实现社会公平正义、促进科技发展和技术进步等特殊功能。

国有资本的经济性和社会性是对立统一的。国有资本的经济性决定了国有资本要在一定程度上追求利润最大化，国有资本的社会性意味着国有资本在追求经济利益的同时也要追求社会福利的最大化，这两者之间似乎是矛盾对立的。但从长远来看，如果国有资本仅追求经济性而忽视社会性，那么意味着国有资本承担的特殊功能将逐步丧失，国民经济失去了赖以生存发展的根基，经济社会发展失衡，从长期来看不利于经济的长期发展，国有资本的经济性得不到保证。同样地，如果国有资本追求社会性而忽视经济性，国有资本缺乏活力，那么国有资本将会失去物质基础，其社会性也将难以维系。因此从长远来看，国有资本的经济性和社会性是统一的。

2.2　混合所有制的相关研究

一般而言，不同所有制经济单位的资本联合或相互参股形成混合所有制，从而使其成为股份所有制范畴中的一种类型。随着我国经济体制改革的不断深入，对混合所有制经济理论研究的内容也在不断深入，具体可分为三个方面。

2.2.1 对全民所有制企业实行股份制的理论初探[①]

从20世纪80年代开始，国内学者开始探讨股份制，对单一所有制形式进行改革得到了部分学者的青睐，他们认为股份制改革有利于提升生产力水平，主张对全民所有制企业实行股份制改革。厉以宁（1986）提出了全民所有制企业改革的不同形式，指出部分企业可以采用股份制，从而形成"国家、企业和劳动者联合办企业的模式"。厉以宁（1986）并不主张对所有的全民所有制企业实行股份制。刘诗白（1986）认为股份制形式联合的所有制是一种新的社会主义公有制形式，它具有很强的黏合力与渗透力，能把企业所有、个人所有结合起来并纳入社会所有体系之中。宗凤鸣（1987）认为股份制可以激发全民所有制企业的活力，从而成为一种重要的经济实现形式。盖伊等（Guy S. Liu et al.，2015）通过对中国1997—2003年1100多家国有企业的研究发现国有资本和非国有资本的混合（即部分私有化）是效率最高的所有制模式。国有资本和非国有资本的混合即混合所有制模式实现了国家支持和私有企业模式创新之间的最佳协同。

也有学者认为全民所有制不宜实行股份制改革。范茂发等（1986）认为实行股份制有强化政企不分或强化企业短期行为两种可能。首先，国家以股东身份实行对企业的管理与以全民所有者的身份通过指令性计划的管理没有实质性区别，因此对于解决政企不分问题毫无助益，甚至有强化政企不分的可能。其次，代表国家利益的股东需要协调国家利益、企业利益和个人利益，这种多元化利益的结合会加剧国家、部门、地方和企业之间的矛盾。伍柏麟和俞忠英（1987）则认为不适宜对所有的全民所有制企业实行股份制改革。

国内外众多学者鼓励对单一所有制企业进行股份制改革，推动所有制实现形式的多元化，然而未能形成一致的意见。对于多种所有制实现形式的探讨为后续混合所有制的研究奠定了良好的基础，学者们意见不一致也为后来混合所有制改革可行性的研究埋下了伏笔。

---

① 徐丹丹，孙梦超．混合所有制与国有资本运营效率研究综述［J］．商业经济研究，2015（17）：105－106。

2.2.2 混合所有制经济的可行性和合理性分析

所有制结构改革实施以后，国有企业实行股份制改造等现象频频出现，混合所有制经济的可行性和合理性分析成为研究的焦点。

从混合所有制产生的历史必要性而言，张晓雷（2010）应用马克思主义哲学证明了混合所有制经济发展是生产力和生产关系矛盾运动的必然产物。顾钰民（2006）认为混合所有制是由生产社会化的内在要求决定的，是产权制度发展的客观规律，其产生具有一定的历史必然性。

从混合所有制改革提高国有资本运营效率的角度而言，马拉（Marra，2006）认为混合所有制可以有效降低信息不对称，提高国有资本的运营效率。綦好东等（2017）认为国有企业也可通过引入非国有资本实现优势互补，吸取非国有资本在技术、商业模式、管理经验理念和模式等方面的优势，从而提升国有资本的财务绩效和盈利能力，保障国有资本保值增值。

从改善市场竞争环境角度而言，蒲宇飞（2013）和黄速建（2014）认为混合所有制可以拓宽非公有资本的投资渠道，为其进入原来不能进入或难以进入的领域提供条件，从而为非公有制企业营造良好的市场竞争环境，推动部分领域国有资本和非国有资本公平有序竞争（周绍朋和朱晓静，2015）。

从完善公司治理结构角度而言，多个大股东并存被认为是比较有效的治理结构，当公司内有多个大股东时，大股东之间为了维护自身利益不受他人侵害而致力于完善公司治理机制，有利于加强监督和降低代理成本（Pagano and Röell，1998；Attig et al.，2008；Barroso Casado et al.，2016；Boateng and Huang，2017）。非国有资本的引入可以改变国有资本一股独大而导致的“一言堂”现象，提高企业科学决策的水平。国有企业整体上市会受到资本市场与监管机构的双重监督，从而有利于推动公司完善治理结构。国有资本与民营资本在混合所有制企业中形成了平等的利益共同体，有利于构建现代产权制度和相对完善的公司治理结构（刘凤义，2015；周绍朋和朱晓静，2015）。

2.2.3 混合所有制的效率研究

关于混合所有制效率的研究主要集中在两个方面：一是混合所有制企业

同其他单一所有制企业效率的比较分析；二是探讨混合所有制的实现形式，寻找最能提升效率的混合所有制形式。

比较分析混合所有制企业与其他单一所有制企业（国有企业或私营企业）的效率，多数学者的研究结论显示混合所有制经济的效率要高于单一所有制经济的效率。从混合所有制和单一所有制的比较分析而言，阮（Nguyen Xuan，2015）利用寡头垄断模型分析表明，与私人寡头垄断相比，混合寡头垄断（国有企业和私营企业共存）提升了社会福利，这些结论论证了转型经济中混合所有制存在的必要性。朱东平（1994）通过模型对比分析发现混合所有制下的社会剩余大于完全私有制下的社会剩余，因此从社会福利的视角来看混合所有制优于完全私有制。葛扬和潘薇薇（2004）通过模型证明，混合所有制明显优于公有制经济和私有制经济，通过对比发现混合所有制经济同公有制经济相比可以通过竞争提升效率，同私有制经济相比在自然垄断领域混合所有制可以通过促进市场有序竞争提升福利水平。顾钰民（2006）利用博弈模型证明，只要混合所有制的规模经济、节约交易费用等好处足够大，那么无论从产权、经营还是分配而言混合所有制的制度效率要高于单一所有制。吴万宗和宗大伟（2016）基于企业的全要素生产率估算结果发现混合所有制企业同单纯公有制经济和私有制经济相比效率更高，所有制多元化程度越高效率优势愈加明显。法比奥·蒙特杜罗（Fabio Monteduro，2014）对意大利623家公有事业企业的样本分析结果表明混合所有制企业的经济效率普遍比国有独资企业高，尤其是在盈利能力方面。欧洲国家混合所有制企业（公私合营）十分普遍，因为政府希望维持对企业的控制权从而保护公共利益不受侵害。罗曼诺·朱利亚和盖里尼，罗曼诺·朱利亚和盖里尼·安德里亚（Romano Giulia & Guerrini Andrea，2014）也得到了类似的结论，发现混合所有制企业的盈利能力明显高于国有企业。

一些学者也对哪种混合所有制形式更能促进效率提高进行了研究。吴万宗和宗大伟（2016）针对不同产业类别分析比较了不同混合所有制结构的效率，研究结论显示对于劳动密集型产业，公有资本和港澳台资本的混合效率最高，而对于资本、技术密集型产业来说，公有资本和外商资本的混合效率最高。大卫·布朗等（David Brown et al.，2006）考察了俄罗斯、匈牙利、乌克兰和罗马尼亚四个经济体私有化对企业生产率的影响，并且比较了不同股权结构类型的差异，研究发现国外资本参与私有化的影响更大，比其他资本混合的影响超过了18%～35%。索尔·埃斯特林等（Saul

Estrin et al. ，2009）对转型经济体以及中国的研究发现，对东欧国家而言，国外资本参与私有化对于企业效率和盈利能力具有显著的正向影响或影响不显著，而国内民营资本的混合有显著的负向影响或影响不显著。该结论在中国则不一样，所有非国有资本的参与都能显著提升企业效率。奥姆兰・穆罕默德（Omran Mohammed，2009）对埃及国有企业的研究同样表明，国外资本的参与对企业业绩具有正向影响，而员工持股比例的提高则有显著的负向影响。

2.3　国有资本运营效率的相关研究

2.3.1　国有资本效率研究的基础理论

1. 马克思关于经济效率的论述

马克思在《资本论》中用生产力和劳动生产率两个概念界定经济效率。马克思认为生产力水平越高，整个社会的宏观经济效率越高，生产力是衡量社会宏观经济效率的重要指标。从微观角度而言，马克思提出劳动生产率和利润率两个指标。劳动生产率通常用劳动者在单位时间内生产的产品数量衡量，马克思解释了资本主义生产的本质。劳动生产率的提高从根本上来说意味着劳动时间的节约，单位时间内生产的产品数量越多那么劳动生产越高。利润率是资本的投入与净产出的比率，比率越高利润率越高。马克思认为经济效率体现在对劳动时间的节约和资本的节约。

2. 新古典经济学的经济效率理论

帕累托最优成为效率评价最常用的指标。帕累托最优指的是在对于某种经济的资源配置，不存在一种可行的方案使得相比于最初状态至少一个人的情况更好，而不会使其他人的情况变坏。在这种状态下实现了经济最有效率的配置，反之即为缺乏效率。资源配置的无效率主要表现为以下几种情形：第一，资源没有得到充分利用，如劳动力和机器设备的闲置；第二，企业规模不合理，没有实现规模经济；第三，企业的生产成本没有实现最低。

3. 新古典经济增长理论中的生产率理论

新古典经济增长理论通过分解各要素对经济增长的贡献来分析经济效率。法布里坎特（Fabricant，1954）和肯德里克（Kendrick，1961）通过产出和生产投入的比值衡量经济效率，通过比值的动态变化分析经济效率的变化。在对生产率的具体度量方面，具有代表性的是索罗（Solow）和丹尼森（Denison）。索罗（1957）在一般生产函数中引入了技术进步因素，建立了全要素生产率增长模型，明确了要素投入和全要素生产率对产出增长的贡献。丹尼森（1979）在索罗（1957）的基础上，将产出增长率扣减各投入要素增长率的差额定义为全要素生产率，从而评价生产率的变化。

4. “X－效率”

哈维·莱宾斯坦（Harvey Leibnstein，1966）认为过去对效率的研究强调资源配置，忽视了市场因素以外由企业内部组织结构导致的与资源配置无关的低效率，将其定义为“X－效率”。X－效率主要从微观角度定义经济效率，不仅关注企业内部成员的工作热情和劳务管理等，同时也关注企业所处的行业环境和监管背景，更为关键的是企业内部的非市场投入，包括管理者的营运能力、企业获取信息的能力等。X－效率认为企业面对的是信息不完全的市场，因此企业家精神在获取信息创造获利机会方面功不可没。因此X－效率理论假定技术水平一定，因此需要激励企业经营者，培养企业家精神，从而降低企业管理成本，提升企业运营效率。

2.3.2 效率评价指标体系构建和测度方法

1. 国有资本效率的内涵

学者们普遍认为国有资本运营效率具有多重内涵，张晨和张宇（2011）认为“效率”概念反映了手段与目的之间的联系，其确定既取决于效率主体的目的，又取决于效率客体的状态，国有企业运营效率既有财务效率，也有技术效率，既有经济效率也有社会效率，既有微观效率也有宏观效率。姚东旻和李军林（2016）通过文献研究发现，将所有文献中应用的效率指标分为“直接效率”和“间接效率”两类。前者即微观效率，包括技术效率、财务效率和创新效率等；后者主要考虑国有企业的外部性效率，类似于宏观效率，包括社会效率和政策效率等。首先国有资本作为资本，具备资本一般的运行特点，以资本增值和利润最大化为目标，因此应关注国有资本的微观效率（刘小玄，2000；吴延兵，2012；杨汝岱，2015；刘晔等，2016）。国有资本的微观效率包含技术效率、财务效率（或经营效率）、资源配置效率和综合效率多个方面（李利英，2005）。另外国有资本由政府出资形成，经常作为政府执行政策的工具，因此国有资本不同于一般资本，具备社会性和公共性，也应该关注国有资本的社会效率或附带效率（刘瑞明和石磊，2010）。衡量国有资本效率，不仅要关注直接效率，即一般资本的微观效率，同时也要从国有资本功能出发，考虑国有资本的外部性效率，即间接效率。

（1）直接效率

学者们主要从技术效率、财务绩效和创新效率三个层面研究国有资本的直接效率。

技术效率衡量了一个企业在等量要素投入条件下能生产的最大产出距生产可能性前沿上最大产出的距离，距离越小，意味着越接近最大产出，技术效率越高。全要素生产率（Total Factor Productivity，TFP）通常用来衡量技术效率，是指在产出增长中不能被劳动和资本投入增长所解释的部分。学者们采用不同的指标来测算国有资本的TFP值，结论显示国有资本效率较低（刘小玄，2000；姚洋和章奇，2001；吕文慧，2004；吴延兵，2012；董梅生，2012；范建双等，2015）。吴延兵（2012）从劳动效率计算、劳动效率计量模型和全要素效率三个角度衡量了国有企业的生产和创新效率，发现三个角度下，国有企业的生产和创新效率均低于民营企业。近几年的研究发现国有资本技术效率提升显著（张晨和张宇，2011；马荣，2011；陶虎、田金方和郝书辰，2012；杨汝岱，2015），他们的研究结论表明国有企业效率并不低于民营企业，有的行业甚至优于民营企业。马荣（2011）从全要素生产率、技术进步率两个方面论述了国有资本的高效率，张晨和张宇（2011）则发现国有工业企业的技术效率与私营工业企业的总体水平大致相当。

财务效率主要考察企业通过营业获得利润的能力，主要由会计指标来衡量。部分研究显示国有资本的财务效率明显偏低（刘元春，2001；白重恩等，2006；伍旭中和冯琴琴，2015）。伍旭中和冯琴琴（2015）显示在大多数年份，国有企业的总资产贡献率低于私营企业和外商投资企业，而长期和短期偿债能力均落后于其他所有制企业。李钢（2007）和陶虎等（2012）的结论显示国有资本的财务效率较高。

创新效率衡量了企业科研成果的转化能力，吴延兵（2012）、盛丰（2012）、董晓庆等（2014）、吉生保和王晓珍（2016）研究发现国有资本的创新效率偏低，吴延兵（2012）以申请专利数量和发明专利数量作为创新产出的研究显示国有企业比民营企业的创新效率分别低 87% 和 84%。然而魏峰、荣兆梓（2012）的结论显示国有资本的技术效率已经赶上并超过非国有资本。

（2）间接效率

直接效率主要探讨市场环境中国有资本的表现，然而国有资本还肩负其他非市场职责，因此有必要从经济辐射效率、政策效率和社会效率三个方面考察国有资本的间接效率。

许多学者利用计量方法考察了国有资本对国内生产总值（Gross Domestic Product，GDP）的贡献，结论显示国有资本与经济增长之间呈现显著的负效应（Lin，2000；林毅夫和刘明兴，2003；Phillips & Shen，2005）。刘瑞明、石磊（2011）认为国有资本不仅自身会产生效率损失，同时还会通过道德风险、软预算约束、挤占政府公共服务资金三种方式拖累民营企业的发展，即“增长拖累”。靳涛和陈嘉佳（2014）的结论显示在软预算约束下，国有资本因预算约束挤占公共服务对民营经济乃至整个国民经济的发展产生阻碍。洪功翔（2010）和刘元春（2011）则发现国有资本对经济发展的促进作用，刘元春（2011）认为，国有资本在我国实行后赶超策略的社会主义市场经济中，可以作为克服市场失灵和政府失灵的制度安排，承担着“技术模仿、技术扩散和技术赶超”的重担，充当转型时期宏观经济的稳定者、社会福利和公共品的提供者，因而在宏观上是有效率的。

其他文献主要从技术提供作用、增加社会整体福利、提供公共物品、提供就业等方面衡量了国有资本的政策性效率和社会性效率。如宗寒（2011）发现国有资本从提供关键基础设施和工业产品、提供关键设备、提供原材料、培育大量人才到私有经济四个方面，对整个社会发展具有促进作用。伍旭中和冯琴琴（2015）认为国有资本具有“经济功能”和“公共功能”双重属性，评价国有资本效率必须与企业功能相结合。作者从国有企业投资金额占比、国有经济财政贡献占比、国有工业总产值占比、公共物品提供占比等数据说明国有资本的高效率。陈波和张益锋（2011）利用层次分析法（The Analytic Hierarchy Process，AHP）全面考察了国有资本的社会效率，认为 2004—2008 年国有资本在社会效率上占有绝对的优势，并且呈不断提高的趋势。

2. 效率评价指标体系

评价指标是指标体系能否合理构建的前提和基础，且直接影响着评价结果的准确性。萨杰夫・亚伯拉罕・乔治（Sajeev Abraham George，2016）认为有必要建立效率评价的综合指标体系。通过参考国内外现有研究成果，对文献中适用的国有资本效率的衡量指标进行了系统梳理，为第 4 章的指标选择和指标体系构建提供参考。表 2－1 整理了国有资本效率评价指标体系。

表 2－1　效率评价指标体系

效率类别	指标说明	文献
技术效率	全要素生产率，在生产函数中确定了各种生产要素对产出贡献之后所剩余的价值	姚洋和章奇（2001）；刘小玄和李利英（2005）；吴延兵（2012）；盛丰（2012）；范建双等（2015）；马荣（2011）；董梅生（2012）
财务效率	主营业务收入、利润总额、产品销售率、工业总产值、流动资产周转率、纳税总额等	李钢（2007）；郝书辰等（2012）；伍旭中和冯琴琴（2015）
创新效率	科技活动经费投入；申请专利数量；发明专利数量	吴延兵（2012）；盛丰（2012）；魏峰和荣兆梓（2012）；吉生保和王晓珍（2016）
经济辐射效率	计量模型分析国有经济占比对经济增长的影响	刘小玄（2004）；刘瑞明和石磊（2010）；洪功翔（2010）
社会效率	技术扩散速度（技术交易比例等）；创新能力（R&D 经费投入比重、科研人员比重、申请专利数量、发明专利数量等）	宗寒（2011）；白重恩等（2006）；陈波和张益锋（2011）
政策效率	劳动关系（职工薪酬总额、员工满意度）；政策负担（承担社会就业、维护稳定）；环境保护（环境保护支出、节能减排量）；财政贡献率（税收/企业总产值）	宗寒（2011）；伍旭中和冯琴琴（2015）

3. 效率测度方法

随着企业效率评价方法在不同领域和细分行业的广泛应用，各种分析方法不断被创新、整合和完善。通过梳理可以发现：国有资本运营效率的评价方法主要有财务指标分析法、参数分析法和非参数分析法三种。

（1）财务指标分析法

财务指标分析法包括杜邦财务分析法和经济增加值法（Economic Value Added，EVA），主要通过对企业的主要财务指标进行量化分析，从而考察企业的盈利能力、偿债能力和资产运营管理能力，这些指标能够反映企业的运营效率。南迪尼·古普塔（Nandini Gupta，2005）利用企业的盈利能力、投资额等财务指标衡量印度企业的效率，分析了私有化改革对企业效率的影响。索尔·埃斯特林等（2009）则选取了利润率、营业收入和其他财务指标进行量化分析，研究中国和转型经济体资本参与私有化对企业效率和营业能力的影响。阿布拉莫夫等（Abramov et al.，2017）将各种财务指标（如毛利、股本回报率、利润率等）作为效率的代理变量，研究俄罗斯国有股比例对企业效率的影响。德里夫菲尔德·奈杰尔等（Driffield Nigel et al.，2013）分析了1998—2006年中欧和东欧国家经济自由化改革对企业生产率和利润的影响，结果表明改革对企业生产率和盈利能力的影响完全不同。作者认为盈利能力是一种模糊的绩效衡量标准。霍尔格·马伦坎普（Holger Mahlenkamp，2015）则认为利润率并不是衡量国有企业绩效的合理指标。仅仅依靠这些微观财务指标判断国有资本效率无法涵盖企业效率的各个方面，过于片面（叶晓铭，2004；殷明德，2011）。

（2）参数分析法

参数分析法主要通过估计生产函数和参数，应用最为广泛的为随机前沿法（SFA）。法雷尔（Farrell，1957）最早尝试从微观层面衡量企业效率的新方法，提出采用“前沿效率分析法”来测算企业的生产能力和资源利用能力，从而判断企业经济效率的高低。艾格纳等（Aigner et al.，1977）创造性地提出了以SFA为代表的随机边界模型来测算企业效率。利用SFA方法测算企业运营效率得到了广泛的应用（顾洪梅等，2008；钱娟娟，2011；王婧，2014）。

（3）非参数分析法

相比于财务指标分析法和参数分析法，非参数分析法由于不需要指定函数具体形态，在企业效率衡量中使用效率最高，其中典型代表是数据包络分析（DEA）。DEA 方法在衡量国有资本效率领域得到了广泛的应用。马荣（2011）运用改进的 DEA 模型对国有资本运营效率进行了研究。陶虎等（2012）运用 DEA 从静态角度测量了国有资本的经济运营效率水平。董梅生（2012）则测算了改革后不同企业的技术效率和规模效率。苏什马·维格斯纳和米希尔·达什（Sushma Vegesna & Mihir Dash，2014）利用 DEA 比较分析了印度国有银行和私营银行之间效率的差异，将净值、存款、贷款、经营费用和固定资产作为投入指标，投资额、预付款，净利息收入和非利息收入作为产出指标。萨杰夫·亚伯拉罕·乔治（2016）同样利用 DEA 方法比较了印度国有银行和私营银行之间的生产效率、服务质量和盈利能力的差异。奥德·勒·兰尼尔和西蒙·波尔彻（Aude Le Lannier & Simon Porcher，2014）利用混合 DEA 和 SFA 的三阶段模型评估 2009 年法国 144 家供水企业的相对技术效率。

通过文献梳理发现，财务指标分析方法因为片面性应用逐渐减少，目前衡量企业或国有资本运营效率最为常用的是参数分析中的 SFA 和非参数分析法中的 DEA。

2.3.3　国有资本运营效率评价的基本结论

国内外学者利用不同的方法对国有资本效率进行了研究，目前主要有以下三个论点：国有资本低效率论、国有资本高效率和国有资本效率悖论。国外侧重对比分析国有企业和非国有企业的效率，国内学者多利用投入产出数据来分析国有资本运营效率。

1. 国有资本低效率论

针对某一具体行业，国外众多学者通过对比国有企业和私营企业的投入产出比、管理、企业规模等指标，从而得到国有企业的运营效率低于私营企业的结论。佩尔茨曼（Peltzman，1971）和阿莱西（Alessi，1974）通过对比电力行业国有企业和私营企业的效率发现国有企业的生产效率明显低于私营企业。乔纳森·考伊（Jonathan Cowie，1999）研究发现私有化的铁路企业在技术、管理和组织效率方面都明显优于国有企业。阮（2005）对越南纺织服装行业、朱莉娅·帕克斯顿（Julia Paxton，2006）对墨西哥地方金融部门的研究同样支持了这一观点。斯洛博丹·塞罗维奇（Slobodan Cerovic，2015）利用塞尔维亚 2008—2013 年 2101 家非金融公司的面板数据发现国有控股企业的盈利能力明显低于其他企业类型，这主要是由于委托代理问题和缺乏创新精神。亚历山大·隆奎斯特等（Alexander Ljungqvist et al., 2015）比较了中国国有企业和私营企业的资本配置效率差异，发现私营企业将更多的资金用于较好的投资机会，而国有企业则相反。尼古拉斯·布鲁姆等（Nicholas Bloom et al., 2015）对超过15000家企业进行调查研究后发现私募股权企业比国有企业管理效率更高，该结论在发达国家和发展中国家一样成立。奥图尔·康纳等（O'Toole Conor et al., 2016）的研究结论表明国有企业投资效率明显低于私营企业。阿布拉莫夫等（2017）以俄罗斯114家公司为样本，发现国有企业的效率明显低于私营企业。国内很多学者的研究也支持国有资本低效率论。姚洋（1998）通过计算14670个工业企业的技术效率后发现，所有企业类型中国有企业技术效率最低，刘小玄（2000）的研究也得出了同样的结论。吴延兵（2012）发现国有企业的创新效率损失大于生产效率损失，存在双重效率损失。魏等（Wei et al., 2017）也发现国有企业虽然得到的政府补贴较多，但是单位投资专利数仍然落后于外资和民营企业，国有企业的创新效率较低。杨汝岱（2015）通过测算1998—2009年制造业企业的TFP，即使经过了“抓大放小”的改革，国有企业的TFP同民营和外资企业相比仍然偏低。张勇（2017）去除垄断和投资等政策因素后对国有工业企业的TFP重新进行了估算，发现TFP下降，而且垄断程度越高，效率下降得更为明显。张天华和张少华（2016）认为国有企业运营效率低下的重要原因在于享受的各种政府偏向性政策通过产出扭曲和大型企业两种渠道导致国有企业的资本和劳动过度配置，从而导致国有企业低效率。刘瑞明和石磊（2010）研究发现国有企业不仅自身效率低下，同时由于预算软约束拖累了民营企业的发展导致对整体经济的“增长拖累”。

2. 国有资本高效率论

国有企业高效率论者认为国有企业对经济增长具有积极的带动效应而不是拖累。洪功翔（2010）否定了国有企业双重效率损失的两个假设，即认为“国有企业效率相对低下和政府对国有企业存在软预算约束”与实际不符，利用中国2000—2008年各地区的省级面板数据实证分析了我国国有企业的效率并没有降低，而是在改革后逐渐发展壮大。郝书辰等（2012）通过对37个国有企业、民营企业、外资企业的效率进行对比后发现国有企业和其他企业的效率并没有明显差异。朱安东（2014）对60多个混合经济国家的国有企业盈利和与政府资金往来等分析后发现国有企业在宏观层面没有效率缺乏事实依据。国外也有类似的研究结论。佩沙特里切和特拉帕尼（Pesatrice & Trapani，1980）、威廉·豪斯曼和约翰·诺伊菲尔德（William Hausman & John Neufeld，1991）通过对比电力行业国有企业和其他所有制企业的效率后发现国有企业效率相对较高。苏什马·维格斯纳和米希尔·达什（2014）对印度银行业的研究中发现国有银行的效率显著高于私营银行。奥德·勒·兰尼尔和西蒙·波尔彻（2014）对法国144家供水企业的研究发现国有企业的管理效率高于私营企业。博加特·丹和乔达里·拉蒂卡（Bogart Dan & Chaudhary Latika，2015）对印度铁路行业的研究发现了类似的结论。

3. 国有资本效率悖论

河野洋平（Yoshio Wada，1998）和李培林（1999）的研究发现国有企业全要素生产率较高，然而财务绩效表现相对较差。国有企业存在效率悖论，既不是完全有效率，也不是完全无效率。李利英（2004）通过对比不同阶段国有企业效率和利润率变动也发现了类似的结论，发现国家放权让利的改革促进了国有企业生产率的提升，但是利润率的变动并不明显。倪国华、徐丹丹和谢志华（2016）通过绘制不同发展阶段国有企业的效率图谱发现，起飞阶段国有企业的宏观效率较高，然而微观效率相对较低，这个短板随着经济发展愈加明显。马荣（2011）的研究支持了国有资本效率悖论的论点，国有企业全要素生产率较高，然而技术效率显著低于其他企业和行业平均水平。姚东旻和李军林（2016）认为部分学者支持“国企低效论”的主要原因是评价指标和视角维度过于单一，不能衡量国企的多元功能。

国外的许多研究发现不同所有制企业的效率并没有存在显著的差异，即国有企业与私有制企业的效率并没有明显的差别。安东尼奥·埃斯塔奇和马丁·罗西（Antonio Estache & Martin Rossi，2002）对亚洲水资源行业国有企业和民营企业效率的对比研究中发现两者没有明显差异。卡塔琳娜·菲盖拉等（Catarina Figueira et al.，2006）比较非洲等国家的国有银行和商业银行的效率后也得到了类似的结论。阿萨夫泰·加布里埃尔等（Asaftei Gabriel et al.，2008）利用罗马尼亚制造业企业1995—2003年的面板数据发现国有企业和私营企业的效率对比取决于市场竞争环境，私营企业在竞争激烈的行业中表现优于国有企业，但在竞争力较弱的行业则不然。苏尼尔·库马尔和拉希塔·古拉蒂（Sunil Kumar & Rachita Gulati，2009）对印度51家银行的分析表明，国有银行和非国有银行的效率并不存在显著的差异。霍尔格·马伦坎普（2015）通过大量的文献研究发现没有足够的证据显示在同等条件下私营企业的效率比国有企业效率更高。

从以上文献梳理可以发现，国内外对于国有企业运营效率的研究早已较为系统，但不同阶段不同企业的研究结论却相差各异，因此在现有阶段如何测算、衡量国有企业的运营效率则显得较有实际意义。

2.3.4 国有资本运营效率的制度保障

学者们从制度体系构建、国有资本投资运营体制和国有资本监管体制改革、企业管理制度完善等多个层面对如何提升国有资本的运营效率展开了分析。惠澎（2009）试图搭建了完整的制度框架体系，包括制度目标的设定、制度逻辑框架的搭建、制度效率的决定因素和效率评价标准。莫童（2004）认为有必要适当降低国有股比重，从而改变国有股一家独大的局面，通过股权多元化提升国有资本的活力和市场竞争力。莫童（2004）也指出有必要借国有股权分化加快公司治理机制的改革，建立现代企业制度和完善的公司治理结构。何加明（2006）主张构建国有资本的投资运营体制和监管体制，包含国有资本投资运营体系、国有资本监管与调控机制和绩效考核体系，认为应该进一步完善国资委的监管职能，构建完善的监管体系。①

2.4 混合所有制背景下国有资本运营效率的相关研究

国内外关于混合所有制背景下国有资本运营效率的研究主要围绕以下四个方面展开：一是探讨混合所有制改革是否有效？国有资本的运营效率在混合所有制改革之后是否显著提升？二是混合所有制改革实施的行业和企业选择；三是混合所有制背景下国有股最优比例区间的探讨；四是混合所有制背景下国有资本运营效率提升的制度保障。

---

① 徐丹丹，孙梦超．混合所有制与国有资本运营效率研究综述［J］．商业经济研究，2015（17）：105－106。

2.4.1　混合所有制对国有资本运营效率的影响

国外关于混合所有制的研究主要集中于评价私有化改革对国有资本运营效率的影响。南迪尼·古普塔（2005）研究结论表明即使是部分私有化（公私合营，类似于混合所有制）也会显著提升企业效率，作者认为即使政府仍拥有控股权，然而股票市场在监督和奖励管理绩效方面仍可发挥积极作用，有利于提升国有企业的运营效率和财务绩效表现。南迪尼·古普塔（2005）发现印度部分私有化对企业的盈利能力、生产率和投资均有积极影响。大卫·布朗（2006）则发现私有化对企业生产率的影响随着国家不同存在显著差异，对罗马尼亚、匈牙利和乌克兰而言，私有化使国有企业生产效率分别提升了 15%、8% 和 2%，然而俄罗斯则降低了 3%。奥姆兰·穆罕默德（2009）的研究结论显示单纯改变所有权实现股权多元化并不能对企业生产效率产生积极影响，除非所有权优化能与公司内部管理方式的创新相结合。斯里达尔·巴拉等（Sreedhar Bharath et al.，2014）研究结论显示对国有企业部分私有化后生产率得到了明显提升，同样证明了私有化改革对国有资本效率的积极作用。博德曼·安东尼等（Boardman Anthony E. et al.，2016）从更长的时间维度（24 年）考察了私有化对国有企业效率产生的影响，发现私有化改革后国有企业的效率得到了明显的提升，然而生产率提升的速度不断降低，在改革后的 14～16 年达到峰值。迈纳斯和皮特等（Minor，Peter et al.，2018）利用一般均衡模型（Computable General Equilibrium，CGE）分析了越南国企改革的影响，国有企业产权多元化使得实际 GDP 增加了 9%，而投资增加了 16%。里亚德·达尔瓦泽和穆罕默德·达巴希亚（Riyad Darwazeh & Mohammad Dabaghia，2018）对约旦 1996—2013 年国有企业效率的分析发现私有化计划显著提升了企业的市场价值。国内学者普遍关注混合所有制改革是否明显提升了国有资本的运营效率。张辉等（2016）利用双重差分法探讨了混合所有制改革对国有企业经营效率的影响，认为混合所有制改革可以通过降低国有企业的政策性负担提升运营效率。刘晔等（2016）也发现混合所有制改革显著提升了全要素生产率，同时分析了不同混合类型对全要素生产率的影响，发现国有控股型混改效果优于完全私有化改革。从创新效率角度而言，王业雯和陈林（2017）发现混合所有制改革显著提升了国有企业的创新效率，赵放和刘雅君（2016）也得到了同样的结论，但认为提升作用主要体现在创新研发效率方面，而对创新产出效率的作用不明显。

2.4.2 混合所有制的行业和企业选择

国家应在哪些行业领域大力推进股份所有制改革，哪些行业不适合放开，以及具体行业的放开程度问题，不同学者的判定有所区别。

不是所有的企业都适合混合所有制改革（白让让，2016；綦好东等，2017）。白让让（2016）认为应该结合供给侧改革和“去产能”推动混合所有制改革，这意味着技术落后、产能过剩行业的中小国有企业必须关停退出。綦好东等（2017）认为地方政府应选择经营状况良好、处于重要领域、对地区经济发展贡献较大的企业或企业中的优质资产优先推动混合所有制改革试点。对于应重点或首先推进垄断性还是商业性（竞争性）领域国有企业混改，学者们存在分歧。陈林（2018）利用三重差分法分析了自然垄断属性、混合所有制改革与企业生产效率之间的内在关系。结果显示：混合所有制改革不能显著提升自然垄断领域国有企业的全要素生产率，但可以显著提升竞争性领域国有企业的全要素生产率，因此他认为应在竞争性领域优先开展混合所有制改革。黄群慧（2013）同样认为应优先在竞争性领域开展混合所有制改革试点。而陈林和唐杨柳（2014）则认为混合所有制改革的重点应放在垄断行业，他们通过实证研究发现国有企业实行混合所有制改革可以通过降低政策性负担显著提高企业的效率，垄断性行业改革的收益相较竞争性行业更为明显。高明华等（2014）将国有企业进行了细分，划分为竞争性领域、稀缺资源领域、规模经济领域和公益性领域四类，认为竞争性领域可以完全放开；稀缺资源领域如石油、稀土等应进行限制；规模经济领域如铁路和电力应区分不同环节放开，竞争性环节可以完全放开，垄断环节应进行限制；公益性国有企业则不适应推动混合所有制改革。刘伟（2015）认为只要是竞争性而不是自然垄断性质领域，均可以进行混合所有制改革，而在金融、石油、电力、铁路、电信、资源开发和公用事业七大领域则应该谨慎进行。

2.4.3 国有股最优比例的探讨

学者从理论和实证两个方面对混合所有制企业中国有股的最优比例进行了探讨。殷军（2016）构建混合寡头垄断模型分析了国有企业进行混改的条件以及国有股最优比例的影响因素。模型结果显示：如果行业负外部性对社会福利的损害程度不是太大时，推行混合所有制改革是有利的。国有股最优比例取决于国有企业的成本控制能力、产品差异化程度、行业内私有企业数目以及生产负外部性对社会福利的损害程度。陈俊龙等（2018）同样通过构建双寡头垄断竞争模型分析国有股最优比例，发现国有股最优比例受到需求函数形状、市场竞争类型、国有资本与非国有资本效率等因素的影响。

学者们从实证角度分析了国有股比例和企业绩效的内在关系，并给出了国有股最优比例的区间，由于国有资本绩效评价指标测度和关注行业的差异，学者们尚未得出一致的结论，在国有股的最优比例问题上，学界仍存在广泛的争议。

阿萨夫泰·加布里埃尔等（2008）发现国有股比例和企业效率之间并非线性关系，国有一般控股企业的效率并不必然比国有绝对控股或相对控股的企业高。法比奥·蒙特杜罗（2014）同样发现非国有资本股权比例的提升并不必然导致企业效率的提升，这意味着对于混合所有制而言，公私合作而不是非国有股比例占据主导地位是提升效率的关键。阿布拉莫夫等（2017）则通过对俄罗斯 144 家公司考察后发现随着国有股比例的提高，企业债务不断增加，企业绩效明显下降。混合所有制中不同性质股权的混合程度与企业绩效、企业全要素生产率之间并非呈现线性关系，当非国有股比例超过一定程度之后，促进效用会减弱（马连福等，2015；郭于玮、马弘，2016）。李永兵等（2015）针对银行的分析结果显示混合所有制改革有利于促进银行业务创新从而提高绩效，混合程度越高促进效用越明显。禹心郭等（2018）通过对制造业企业的分析发现国有股比例与企业创新绩效之间存在倒 U 型关系，意味着当国有股比例提高到一定程度会导致企业创新绩效的下降。徐传谌和张海龙（2018）在对高端装备制造业的分析中也得到了同样的结论。赵斌斌和钱士茹（2017）发现股权所有制混合程度和企业绩效之间存在正向关系。

关于国有股最优比例的区间，张蕊和蒋煦涵（2018）认为国有股比例与工业增加值之间呈现倒 U 型关系，最优国有股比例为 46.4%。胡锋（2018）则认为最优比例区间为 28.34% ~30.32%，由此推断当前混合所有制企业的国有股比例偏高，因此应该适当降低国有股比例。董梅生和洪功翔（2017）认为在考虑市场竞争效应之后，国有股比例应该从 45% 提高到 84.3%，或从 51% 提高到 75%。

部分学者不仅从数量角度探讨了国有股比例与企业效率之间的关系，同时还从完善公司治理的角度从国有股控制力和国有股与其他性质股份的制衡、董事会构成、薪酬激励制度等多个角度分析了股权性质的不同混合对企业效率的影响。奥姆兰·穆罕默德（2009）认为股权结构的改变对企业效率的积极影响必须通过公司治理结构的完善才能发挥作用，外部董事比例的提高和董事会结构的完善对企业效率的改善具有显著的正向影响。改变公司所有权可能不会对企业效率产生积极影响，除非它与企业管理方式的创新相结合。埃丝特·吉图恩杜等（Esther Gitundu et al.，2016）认为大型私人股东对企业效率具有正向影响，而分散化的股权结构会降低效率，同时独立董事和女性董事对效率具有显著的正向影响。杨小楼（Xiaolou Yang，2017）的研究结果显示高管薪酬对企业效率的影响会受到股权结构类型的影响，私人投资者股权比例的提高会强化高管薪酬与企业效率之间的联系，而国有股比例的提高则会弱化这种联系，从而导致公司在解决委托代理人问题方面乏力。张铭慎和曾铮（2018）通过487家企业发现国有股比例与企业技术效率呈现倒U型关系，不同的性质股权的混合对企业技术效率的影响有显著的差异。黄建欢等（2017）则通过构建持股近似度和持股关注度两个新指标分析了不同股东之间的利益制衡对公司绩效的影响。认为国有大股东和非国有大股东持股比例差距适中则有利于提高公司绩效，比例差异过大或过小均不利于提高公司绩效。

2.4.4 混合所有制背景下国有资本效率提升的制度保障

从制度体系构建来看，不同专家体系构建的思路和侧重点不同。张冰石等（2017）认为混合所有制的实质是国有资本优化配置，提高国有资本的运行效率必须改革国有资本管理体系，在“国务院国资委—国有企业”的两层架构中加入了中间层—国有资本投资运营公司，从而实现政资分离和政企分离。许光建和孙伟（2018）同样认为混合所有制改革的首要目标是提高国有资本的运营效率，为提高运营效率，一方面围绕营造公平市场竞争环境入手，结合国家供给侧结构性改革去产能，部分国企退出，并允许部分民营资本进入国企，逐步放开垄断领域；另一方面从政府和国资平台公司两个层面建立国资管理体制。部分学者认为应从价值观融合、微观组织基础和宏观环境三个方面推动混合所有制改革，一是形成兼容各种价值观的观念文化；二是构建现代公司治理结构；三是建立完善的现代市场经济体制（程承坪和黄华，2017；臧跃茹等，2017）。

从法律制度构建的角度，徐晓松（2018）认为公司法与证券法应该做出适应性变革。国务院发展研究中心（2018）认为应改革刑法和公司法，对不同投资人予以平等对待，给予同等的法律保护。

从公司治理结构优化的角度，刘戒骄（2018）认为混合所有制改革更需要治理模式和制度的创新，在现代公司制的三种典型治理类型中，董事会中心型比股东中心型和经理中心型更适合我国当前阶段的混合所有制企业。实施董事会中心型治理，或者向其靠拢，要求构建相对集中、制衡配合的股权结构，科学配置股东会、董事会和经理层的权责，能够有效解决不同出资人之间可能产生的利益冲突，实现从内部人治理向外部人治理的制度转换，有效激励与约束职业经理人。奥姆兰·穆罕默德（2009）认为有必要完善董事会的治理结构，提高外部董事的比例。乔惠波（2017）认为性质不同股东的存在会使得混合所有制企业的公司治理相较于一般公司更为复杂，因此应该从股东目标的一致性、股权结构的优化、董事会治理机制的完善和外部治理环境的改善等几个方面入手有效提高混合所有制企业的公司治理水平。埃斯特·万朱古·吉图杜等（Esther Wanjugu Gitundu et al.，2016）认为应改变分散的股权结构，以便增加机构投资者的所有权和控制权。同时应努力实现董事会的多元化，使公司能够吸收独立董事和女董事的管理与技术专业知识。罗曼诺·朱利亚和盖里尼·安德里亚（2014）对意大利 72 家水务企业的研究表明混合所有制企业的经营业绩明显优于国有企业。国有水务企业的董事会主要由具备政治关联的董事主导，他们更容易获得贷款，因此对企业的资本结构产生了负向影响。陈瑞源等（Chen，Ruiyuan et al.，2017）利用 64 个国家实施私有化改革的企业数据分析了股权结构类型对公司层面资本配置（投资支出对投资机会的敏感性作为代理变量）的内在联系。国有股权弱化了投资的敏感性，因此导致投资低效率；而国外投资者股权增强了投资的敏感性，导致投资高效率。当国家放弃控制权且国家层面的控制较弱时，国外投资者股权与投资效率之间的关系更为强烈。

从国资管理体制而言，张文魁（2017）认为混合所有制企业的政企关系和公司治理还受到国资监管体系的严重影响，政府权力逻辑和财产权利逻辑难以兼容。因此，不但要深化股权结构改革，也必须对我国复杂的国资监管体系进行重大改革。张冰石等（2017）在国资管理体系中的国有资本投资运营公司作为中间层和市场化的运营主体，可以有效隔离政府和企业，做到政企分离、政资分离。政府主要通过派出董事和监事会成员影响国有资本的投资方向，不再干预国有企业的日常经营决策。

2.5 文献评析

从现有文献来看，目前国内外学者主要从两个层面研究国有资本的运营效率：一是衡量国有企业整体的运营效率，二是从国有企业角度探讨如何提升国有资本的运营效率。缺乏对混合所有制改革背景下国有资本自身效率的衡量和优化研究。混合所有制改革是否提升了国有资本的运营效率，是否有必要进一步深化混合所有制改革，国内外学者从两个角度回答了这一问题：一是从理论和实证两个层面比较分析了国有企业、民营企业和混合所有制企业的运营效率，二是探讨混合所有制改革的推进模式和混合所有制企业的运营模式，然而对于不同股权集中度视角下国有资本运营效率的衡量和优化缺乏系统深入的研究。

基于上述文献分析，本书拟从以下三个方面进行改进，从而弥补现有研究的不足：第一，不同于以往研究以国有企业整体为研究对象，本书将以混合所有制企业为研究对象，重点探讨混合所有制企业中国有资本的运营效率。结合学者们对混合所有制的定义，本书界定的混合所有制企业指国有资本或集体资本与非公有制资本（民营资本和外资）融合的国有企业，即企业中存在不同所有制资本的融合。第二，不同于以往研究以定性分析为主，本书采用更多适合进行效率评价的定量研究方法，如 DEA 评价和 Malmquist 指数模型，构建国有资本运营效率评价的指标体系，并结合 DEA 评价和 Malmquist 指数模型对国有资本运营效率的静态和动态效率展开深入研究，构建我国国有资本的效率图谱，并为日后国有企业效率评估奠定理论基础。第三，本书不仅从总量评价国有资本的运营效率，同时根据国有股权比例将混合所有制企业类型进行划分，评价不同国有股权集中度视角下国有资本的运营效率。①

① 徐丹丹，孙梦超．混合所有制与国有资本运营效率研究综述［J］．商业经济研究，2015（17）：105－106。

第3章　国有资本运营效率的描述性分析

3.1　总量视角下国有资本运营效率的现状分析

3.1.1　国有资本及非国有资本总量的估算

根据国有资本①的定义，国有资本指国有独资、国有控股及参股企业所有者权益中归属国家的部分。对混合所有制国有资本的估算即为对在国有独资或国有控股及参股企业中国家应当享有的所有者权益的估算。

本节首先在沪深两市的所有上市企业筛选出国有独资或国有控股及参股企业及其每年期末所有者权益；其次根据企业的年报，判断前十大股东的属性，将归属于国家的股东的持股比例汇总，得出每家企业的国有股比例；再次将每家企业每年的期末所有者权益与国有股比例相乘，得到该企业中国有资本的数量；然后将沪深两市中所有国有独资或国有控股及参股企业中的国有资本数量相加，即估算出沪深两市中每家国有独资或国有控股及参股企业的国有资本量；最后进行加总，估算出沪深两市国有资本总量。

将沪深两市的所有上市企业的所有者权益进行加总，即为沪深两市资本总量。将沪深两市资本总量与国有资本总量相减，即得出非国有资本总量。

根据每家上市企业的公司属性，判断出沪深两市中国有企业916家，非

---

① 2004年8月25日，国务院国有资产监督管理委员会颁布的《企业国有资本保值增值结果确认暂行办法》中，对国有资本的定义做出说明：企业国有资本，是指国家对企业各种形式的投资和投资所形成的权益，以及依法认定为国家所有的其他权益。对于国有独资企业，其国有资本是指该企业的所有者权益，以及依法认定为国家所有的其他权益；对于国有控股及参股企业，其国有资本是指该企业所有者权益中国家应当享有的份额。

国有控股企业1920家。

如上所述，根据Wind数据库，对沪深两市2008—2017年国有资本总量、非国有资本总量及资本总量进行估算，结果作表3-1、图3.1。

在2008—2017年，沪深两市资本总量、国有资本以及非国有资本发展迅速，增幅巨大，尤其是非国有资本。2008—2017年，沪深两市资本总量由77381亿元增长至338763亿元，增幅338%；国有资本总量由40298亿元增长至150609亿元，增幅274%；非国有资本总量由37083亿元增长至188154亿元，增幅407%。见表3-1。

表3-1　2008—2017年沪深两市国有资本总量及非国有资本总量估算

年份	资本总量/亿元	增速/（%）	国有资本/亿元	比例/（%）	增速/（%）	非国有资本/亿元	比例/（%）	增速/（%）
2008	77381	—	40298	52	—	37083	48	—
2009	93219	20	47538	51	18	45681	49	23
2010	123112	32	62310	51	31	60802	49	33
2011	146545	19	71876	49	15	74669	51	23
2012	168770	15	82146	49	14	86624	51	16
2013	188782	12	91007	48	11	97775	52	13
2014	219837	16	103438	47	14	116399	53	19
2015	262850	20	122887	47	19	139963	53	20
2016	316111	20	110196	35	-10	205915	65	47
2017	338763	7	150609	44	37	188154	56	-9

资料来源：Wind数据库。

在2008—2017年，沪深两市资本总量、国有资本以及非国有资本增速较快，其中非国有资本增速最快。图3.1中，在2008—2017年，沪深两市资本总量和非国有资本的增长趋势一致，以2013年为分界点。在2008—2013年，前后两个区间内，两者的增速分别呈现先升后降的趋势，在2010年和2016年达到峰值。其中，资本总量2010年增速达32%，2016年增速达30%；非国有资本总量2020年增速达33%，2016年增速达47%。对于国有资本，2008—2015年，其增速基本呈现先升后降的特点，在2010年增速达到峰值，为 31%；2015—2017 年，增速呈现先降后升的特点。总体来说，2008—2017 年，资本总量、国有资本及非国有资本增量的增速较快，其中，非国有资本总量的增速最快，国有资本总量的增速最慢。

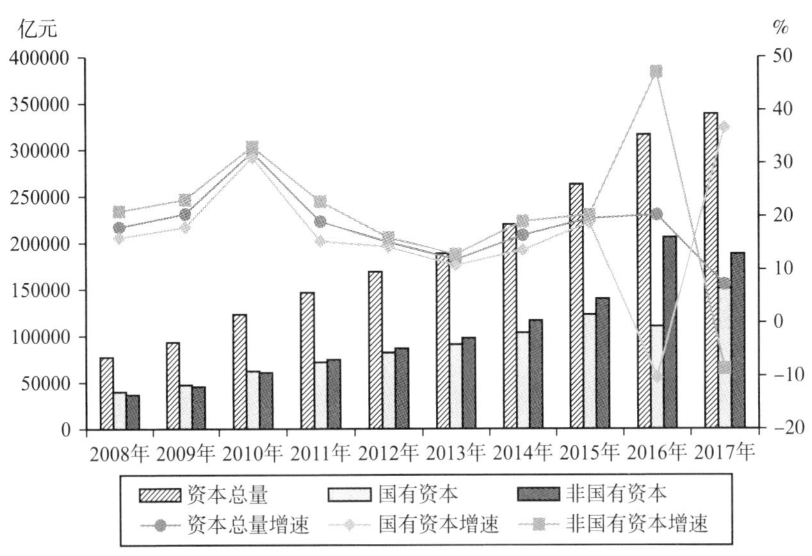

图 3.1　2008—2017 年沪深两市资本总量及增速统计

资料来源：Wind 数据库。

2008—2017 年，资本总量年平均增速 18%，增长速度处于世界领先水平。国有资本总量年平均增速为 17%，而非国有资本总量年平均增速为 21%。改革开放以来，我国经济的快速发展使得企业数量不断增加，规模不断扩大；科技创新和技术进步直接提高了经济效益，尤其是高技术企业吸引了大量的资金；同时，企业管理水平的不断提高和筹资结构的逐渐完善降低了融资成本，大大提高了资本的投资回报率，间接增加了资本的投入。

对于沪深两市资本总量的增长，非国有资本比国有资本作出更大贡献。第一，表 3-1 中，从 2011 年开始，非国有资本占资本总量的比例大于国有资本，其比例大于 50%，且其占比稳定持续增长；第二，图 3.1 中，非国有资本增速始终快于国有资本。所以，对于资本总量的增长，非国有资本作出了更大贡献。多种股本相互持股是混合所有制的重要特征，是国有企业改革的目标之一。国有企业在十八届三中全会以后进入深化改革阶段，混合所有制经济——公有制经济与非公有制经济（个体及私营经济等）的互补融合逐步发展壮大，其目标为适应市场发展的需要，激发市场活力，提高经济效率、完善我国社会主义市场经济体制，非国有资本占比逐渐增加。

综上所述，2008—2017年，沪深两市资本总体呈快速增长的特点，增长量巨大；其中，非国有资本的增速最快，增幅最大，在总资本中的占比也逐渐增大，且与国有资本之间的差距逐步加大；并且，对于沪深两市资本总量的增长，非国有资本作出更大贡献。其主要原因是国有企业改革逐渐深入，大力发展混合所有制经济释放了资本产权，形成了多元开放的股权架构，从完全国有资本到国有控股，经济制度的不断完善使得非国有资本得到了更好发展的空间，性质不同的各方面资金，以资本为纽带融合成一个利益共同体，大大提高了资金规模，也是我国国有企业改革取得的丰硕成果。

3.1.2 基于总量视角的国有资本运营效率的现状分析

本节将从投入和产出角度，借助相关指标，对国有资本的运营效率分析。其中，从投入角度，整理出样本企业2008—2017年资产总额、员工人数、营业总成本、全部高管持股市值四个指标的数据，对样本企业投入的资本、劳动、管理等进行衡量；从产出角度，整理出样本企业2008—2017年利润总额、营业总收入、基本每股收益、纳税总额四个指标的数据，对样本企业产出等进行衡量。

根据万得资讯（Wind资讯），计算沪深两市国有资本2008—2017年资产总额、员工人数等指标十年间的平均值，并且计算出非国有资本的指标，将国有资本与非国有资本的指标进行对比，以说明国有资本的运营效率。表3-2整理了2008—2017年沪深两市国有资本投入产出平均值计算结果。

表3-2　2008—2017年沪深两市国有资本投入产出平均值统计

角度	指标	国有资本	非国有资本	国有资本/非国有资本
投入	资产总额/万元	1167943	1261553	0.93
	员工人数/人	11321	297	38.12
	营业总成本/万元	185841	26399	7.04
	全部高管持股市值/万元	689	12582	0.05

续表

角度	指标	国有资本	非国有资本	国有资本/非国有资本
产出	利润总额/万元	24556	3072	7.99
	营业总收入/万元	207689	28921	7.18
	基本每股收益/元	0.03	0.04	0.75
	纳税总额/万元	136260	1401	97.26

从投入角度看，国有资本与非国有资本的比值，资产总额接近1，说明国有企业与非国有企业的资产投入规模相当。国有资本的员工人数、营业总成本分别是非国有资本的38倍、7倍，因此，国有企业中人力、运营成本的投入要远远高于非国有企业。而国有企业对高管持股的投入仅为非国有企业的0.05，说明国有企业远不如非国有企业重视对高管的股权激励。国有企业与非国有企业的资产规模相当，国有企业重视对人力、运营成本的投入，而非国有企业重视对高管激励的投入。

从产出角度看，国有企业的利润总额是非国有企业的7.99倍，营业总收入是非国有企业的7.18倍，纳税总额是非国有企业的97.26倍，说明国有企业盈利能力、纳税能力及对社会责任的承担能力要明显强于非国有企业。同时，国有企业与非国有企业的基本每股收益相当。因此，混合所有制的国有企业的运营效率要优于非国有企业。

对于沪深两市的上市公司，国有上市企业普遍历史悠久、人员众多、资本雄厚，在其行业中已经发展数年，树立了标准和权威，处于社会的中流砥柱地位，并且在国家强有力的支持和照顾下不断扩大其规模，为人们提供更多就业岗位，履行国家投入资本的义务，其资本性质的特殊性也决定了其投入的便利性和大量性，故国有资本的投入相对较多。混合所有制改革后，国有资本吸纳社会资本，自身的运营效率不断优化。

综上所述，从投入角度看，国有企业中的国有资本注重对人力和运营成本的投入，而非国有企业资本注重对高管的投入；从产出角度看，国有企业的国有资本的盈利能力、纳税能力及对社会责任的承担能力要明显强于非国有企业资本，因此，国有企业的国有资本的运营效率优于非国有企业资本。

3.2 不同股权集中度视角下国有资本运营效率的现状分析

3.2.1 股权集中度及不同股权集中度类型企业的界定

本书旨在分析混合所有制下国有资本集中程度对其运营效率的影响，故本节所提的股权集中度为国有股权集中度，即国有股东的集中程度，反映国有股东对公司的控制能力。

参照姚圣娟和马健（2008）股权集中度的划分方法，以国有股权集中度50%与20%为分界点，将沪深两市的国有上市公司区分为国有资本绝对控股（50%以上（含））、相对控股（20%（含）~50%）和一般持股（20%以下）三类情形，即国有股权高度集中的国有资本绝对控股型公司（以下简称“绝对型国有企业”）、国有资本中度集中的相对控股型公司（以下简称“相对型国有企业”）和国有资本股权分散的一般持股型公司（以下简称“一般型国有企业”）。根据2008—2017年国有企业的国有股权集中度的变化，对每年各种股权类型的国有企业的分布作图，如图3.2所示。

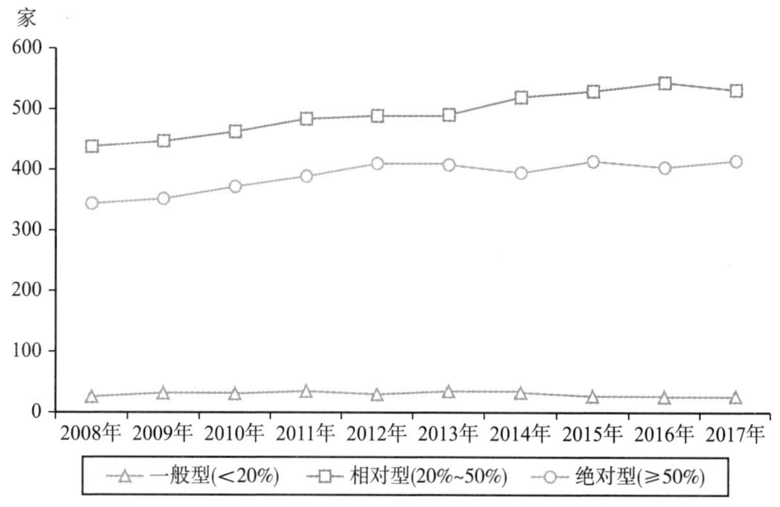

图3.2 2008—2017年沪深两市国有控股样本企业股权集中度分布

2008—2017年，相对型国有企业的数量最多，绝对型国有企业数量次之，一般型国有企业的数量最少。其中，绝对型国有企业和相对型国有企业的数量总体呈稳定增加的趋势，而一般型国有企业数量基本持平。因此，2008—2017年，国有上市公司的数量总体上在不断增加，由808家增长至974家。

3.2.2　基于股权集中度视角的国有资本运营效率的现状分析

按照总量视角下对国有资本分析的方法对股权集中度视角下的国有资本进行分析，计算出不同股权集中度企业的资产总额等指标10年间的平均值，见表3-3。

表3-3　2008—2017年沪深两市不同股权集中度的国有企业平均每年投入产出

角度	指标	绝对型	相对型	一般型	绝对型/相对型	绝对型/一般型	相对型/一般型
投入	资产总额/万元	2168928	436120	245869	4.97	8.82	1.77
	员工人数/人	1865	575	800	3.24	2.33	0.72
	营业总成本/万元	330875	76674	103675	4.32	3.19	0.74
	全部高管持股市值/万元	100	1107	1387	0.09	0.07	0.80
产出	利润总额/万元	45328	9026	11068	5.02	4.10	0.82
	营业总收入/万元	371974	84197	111883	4.42	3.32	0.75
	基本每股收益/元	0.04	0.03	0.03	1.33	1.33	1.00
	纳税总额/万元	220833	34784	55610	6.35	3.97	0.63

从投入角度看，总体上绝对型国有企业的投入要远大于相对型国有企业和一般型国有企业，一般型国有企业的投入又大于相对型国有企业。对于绝对型企业，除了全部高管持股市值，绝对型/相对型与绝对型/一般型的比值远大于1，因此，相比于相对型国有企业和一般型国有企业，绝对型国有企业在资产总额、人力、营业成本上的投入具有明显的规模优势；但是，绝对

型国有企业在对高管持股激励上的投入与相对型国有企业和一般型国有企业具有较大差距。这由于国有资本在资源配置上拥有得天独厚的先天优势，其出资人是国家这个特殊主体，在追求盈利的同时肩负着调节宏观经济、实行国家政策和计划的特殊使命，其资本在运行中享受国家政策、法律的诸多照顾，故绝对控股型企业在资金的投入上拥有更大的规模。

除了资产总额外，员工人数、营业总成本、全部高管持股市值的相对型国有企业/一般型国有企业的比值均小于或等于1，则对于相对型国有企业，一般型国有企业在员工人数、营业总成本、全部高管持股市值投入要大于相对型企业。

从产出角度看，绝对型国有企业的运营效率优于相对型国有企业和一般型国有企业。表3-3中，绝对型国有企业的利润总额和营业收入远远高于相对型国有企业和一般型国有企业，绝对型国有企业的利润总额是相对型国有企业的5.02倍，是一般型国有企业的4.10倍；绝对型国有企业的营业总收入是相对型国有企业的4.42倍，是一般型国有企业的3.32倍；绝对型国有企业的纳税总额是相对型国有企业额的6.35倍，是一般型国有企业的3.97倍；绝对型国有企业的基本每股收益也略高于相对型国有企业和一般型国有企业。可见，绝对型国有企业的盈利能力、纳税能力和对社会责任的承担能力远远强于相对型国有企业和一般型国有企业。由于相对型国有企业/一般型国有企业的比值均小于或等于1，则对于相对型国有企业，一般型国有企业的利润总额、营业总收入、基本每股收益和纳税总额均优于相对型企业。

综上所述，整体上看，对于不同股权集中度类型的国有企业，绝对型国有企业的投入最高，运营效率也最高，相对型国有企业投入最低，运营效率也最低，一般型国有企业的投入和运营效率居中。

3.3 本章小结

3.3.1 从总量上来看，国有资本增速低于非国有资本

自2008—2017年，沪深两市资本总体呈快速增长的特点，增长量巨大；其中，非国有资本的增速最快，增幅最大。2008—2017年，资本总量

年平均增速 18%，增长速度处于世界领先水平。国有资本总量的年平均增速为 17%，而非国有资本总量年平均增速为 21%。从占比来看，从 2011 年开始非国有资本占资本总量的比例开始超过 50%，且其占比稳定持续增长。非国有资本增速惊人的主要原因是国有企业改革逐渐深入，大力发展混合所有制经济释放了资本产权，形成了多元开放的股权架构，从完全国有资本到国有控股，经济制度的不断完善使得非国有资本得到了更好发展的空间，性质不同的各方面资金，以资本为纽带融合成一个利益共同体，大大提高了资金规模，也是我国国企改革取得的丰硕成果。

3.3.2　国有资本财务绩效略逊于非国有资本，社会责任承担强于非国有资本

从投入来看，国有资本人力投入和运营成本投入高于非国有资本，而非国有资本对高管的投入明显高于国有资本，这意味着非国有资本高度重视对高管的股权激励。从产出来看，国有资本的利润总额、税收贡献和对社会责任的承担能力明显强于非国有资本，然而值得注意的是，以每股收益为代表的财务绩效而言，国有资本略低于非国有资本，这意味着国有资本的盈利能力和市场表现略逊于非国有资本，有待进一步提升。

3.3.3　一般型国有企业的运营效率优于相对型国有企业

整体上看，对于不同股权集中度类型的国有企业，绝对型国有企业的投入最高，运营效率也最高，相对型国有企业投入最低，运营效率也最低，一般型国有企业的投入和运营效率居中。

第4章　国有资本运营效率模型的构建研究

4.1　模型选取

为了对国有资本运营效率进行系统深入分析，本书拟选用DEA模型和Malmquist指数模型分别从静态和动态两个维度对国有资本的运营效率进行研究。

4.1.1　DEA模型

DEA模型是根据决策单元的输入和输出判断其是否位于“生产前沿面”（生产前沿面上的效率值为100%）上，即由投入最小、产出最大的帕累托最优解的面集，判断决策单元的相对有效性。自数据包络分析方法提出之后，查尼等（Charnes et al.，1978）在法雷尔（1957）的基础上以规模收益不变为假设形成了第一个DEA模型——CCR模型，之后班克、查尼和库珀（Banker、Charnes和Cooper）假定规模收益可变提出BCC模型。CCR用于判断是否同时技术有效和规模有效，而BCC仅用于判断是否技术有效，两者联立可得整体效率对技术效率和规模效率的分解公式（杨欢，2014）。DEA模型主要是利用决策单元的投入和产出构建生产可能性前沿（最优生产边界），然后通过对比实际投入产出水平和生产可能性前沿得到效率值，这个效率值是相对效率的概念，通过对比实际投入产出和生产可能性前沿上的水平得到，因此DEA模型得到的效率值为0～1。DEA模型的优点在于不需要事前假定生产与投入之间的函数关系，从而避免了函数形式设定的误差。同时基于DEA模型的投影分析还能为决策单元的效率优化提供具体的改进建议，因此 DEA 模型在效率评价方面得到了广泛的应用。

4.1.2　Malmquist 指数模型

1.2.2 节概述了 Malmquist 指数模型的发展历程——由最初的理论框架到广泛应用于实际测算。马姆奎斯特（1953）、凯夫斯等（1982）、罗尔夫·法勒等（1994）为此作出了巨大的努力与贡献。其中罗尔夫·法勒（1994）在凯夫斯等（1982）的基础上提出了计算 Malmquist 指数的具体方法，两个参考不同基期的 Malmquist 指数的几何平均数作为决策单元的 Malmquist 指数，即

$$M_{ac}(K^2, K^1)=\sqrt{\frac{E^1(K^2)}{E^1(K^1)}\frac{E^2(K^2)}{E^2(K^1)}}=\sqrt{\frac{OK^{2'}/OK^2}{OK^{1'}/OK^1}\frac{OK^{2''}/OK^2}{OK^{1''}/OK^1}} \quad (4-1)$$

式中，E 表示利用 DEA 效率评价得到的相对效率值，上标为 1 表示参考时期为 1 的决策单元，上标为 2 则表示参考时期为 2 的决策单元，被评价的决策单元在前沿 1 上的投影用单竖撇表示，在前沿 2 上的投影用双竖撇表示。从时期 t 到 $t+1$ 的 Malmquist 指数可以表示为

$$M_{ac}(X^{t+1}, Y^{t+1}, X^t, Y^t)=\sqrt{\frac{E^t(X^{t+1}, Y^{t+1})}{E^t(X^t, Y^t)}\frac{E^{t+1}(X^{t+1}, Y^{t+1})}{E^{t+1}(X^t, Y^t)}} \quad (4-2)$$

式中，$E^t(X^t, Y^t)$ 和 $E^{t+1}(X^{t+1}, Y^{t+1})$ 分别是决策单元在两个时期的技术效率值，法勒等（1992）将二者的比值来表示技术效率的变化，即

$$EC=\frac{E^{t+1}(X^{t+1}, Y^{t+1})}{E^t(X^t, Y^t)} \quad (4-3)$$

技术进步表示为

$$TC_{ac}=\sqrt{\frac{E^t(x^t, y^t)}{E^{t+1}(x^t, y^t)}\frac{E^t(x^{t+1}, y^{t+1})}{E^{t+1}(x^{t+1}, y^{t+1})}} \quad (4-4)$$

Malmquist 指数、技术效率的变化和技术进步三者之间的关系为 $M=EC\times TC$，即 Malmquist 指数可以分解为技术效率的变化和技术进步变化两个部分。

$$\begin{aligned}M_{ac}&=\sqrt{\frac{E^t(X^{t+1}, Y^{t+1})}{E^t(X^t, Y^t)}\frac{E^{t+1}(X^{t+1}, Y^{t+1})}{E^{t+1}(X^t, Y^t)}}\\&=\frac{E^{t+1}(X^{t+1}, Y^{t+1})}{E^t(X^t, Y^t)}\sqrt{\frac{E^t(x^t, y^t)}{E^{t+1}(x^t, y^t)}\frac{E^t(x^{t+1}, y^{t+1})}{E^{t+1}(x^{t+1}, y^{t+1})}}\end{aligned} \quad (4-5)$$

在 Malmquist 指数模型中，被评价的决策单元为 $K^t=(x_k^t, y_k^t)$，而参考

集为 $S^{t+1}=(x_j^{t+1},\ y_j^{t+1})$，或者正相反，被评价决策单元为 $K^{t+1}=(x_k^{t+1},\ y_k^{t+1})$，参考集为 $S^t=(x_j^t,\ y_j^t)$。

4.2 国有资本运营效率评价指标体系构建

4.2.1 运营效率内涵

从理论基础来看，我国主要从“直接效率”和“间接效率”两个层面对国有资本的运营效率展开了研究。从“直接效率”来看，大部分结论认为国有资本低效率，然而随着国有企业改革的深化推进，学者们开始关注国有资本的“间接效率”，认为对国有资本效率的全面评价离不开对国有企业承担的提供公共服务、推动科技进步、保障国家安全等社会性功能的分析，大量研究国有资本“间接效率”的文献涌现，而且大部分学者的研究结论显示国有资本间接效率较高。

国有企业作为市场竞争的主体，不仅需要探讨市场环境中国有资本的经济效率，同时还应注意到国有资本承担了其他非市场职责：第一，国有资本在提供就业机会、维护社会稳定方面发挥了重要的作用（刘瑞明和石磊，2010）。维护社会稳定是公共物品，以盈利为唯一目标的私营企业缺乏足够的动力去维护社会稳定，而国有资本在稳定就业、维护稳定方面作用显著。第二，国有资本有助于推动技术创新。虽然创新的活力主要体现在私营企业身上，然而整体经济的产业化技术开发、发展和扩散主要集中在大型企业里面，其中国有资本在推动技术创新方面发挥着重大作用。第三，国有资本可以提供公共物品。关键基础设施、重大基础科研具有公共品的形式，投入大、风险高，私营企业缺乏投资的动力，国有企业往往是自来水、天然气、电力和热力等公共物品的主要提供者。陈霞、杨静、陈亮等（2011）以国有企业的多重目标为依据，从推动经济长期稳定增长、承担社会责任等方面考察了国有企业的效率，结论显示我国国有企业的效率并不低于民营企业和外资企业，两者旗鼓相当。第四，国有资本在引导和刺激战略产业、支柱产业和新兴产业发展方面发挥重要作用。党的十八大强调：“要充分发挥国有企业的主导作用，推动国有资本更多投向关系国家安全和国民经济命脉的重要行业和关键领域，不断增强国有经济的活力、控制力和影响力。”第五，国有资本也是贯彻国家政策的有效手段。乐文瑞（Arie Y Lewin，1981）认为国有资本已经成为混合所有制经济体和发展中国家实施社会和经济政策的重要工具。

2015 年《关于深化国有企业分类改革的指导意见》中指出，对于不同类型的国有企业应该选择不同的效率衡量指标体系，对于商业类国有企业应该加强对经营业绩考核的指标，重点考察国有资本保值增值的能力，而在公益类国有企业的考核中要引入社会评价。同时明确了在国有企业的考核中不仅要考虑国有资本的财务绩效和保值增值的能力，更重要的是要加强“对服务国家战略、保障国家安全和国民经济运行、发展前瞻性战略性产业以及完成特殊任务的考核。”

由此可见，如果单纯从经济效率评价和讨论国有资本的运营效率，是有失偏颇的，应该将社会效率、延伸效率、宏观效率等间接效率纳入指标体系，从经济效率和社会效率两个角度全面考察国有资本的效率，设计一套合适的效率评价指标体系。

4.2.2　评价指标选取

1. 指标选取标准

考虑到本书采用的是 DEA 实证分析模型，故在构建评测指标体系时，还应重点考量数据包络分析对评价指标体系的相关要求。具体来说，有以下三点：第一，进行 DEA 分析的指标数值不能是负值，当确实存在为负数的情况，要么剔除样本或指标，要么进行标准化处理。第二，输入指标与输出指标应当为正相关关系，即输入指标的变动能带动输出指标的同方向变动，表现为输入和输出指标同时增加或同时减少。为此，在进行数据包络分析之前，需要对初选的输入变量和输出变量进行相关性的检验分析。第三，输入指标和输出指标都不宜过多，这是因为，如果 DEA 模型的投入产出指标数目过多，会影响结果的区分度和鉴别能力。

2. 具体指标选取

（1）“经济效率”评价指标

评价指标体系构建既包括指标体系构建的整体逻辑框架，同时也包含具体指标的选取依据。关于指标体系构建的整体逻辑框架，陈波和张益锋

（2011）结合经济效率的内涵，把国有企业经济效率的评价指标划分为生产能力、盈利能力、偿债能力、资产管理能力、市场影响力、发展能力和贡献能力七个方面。除了一般的生产能力、盈利能力等指标，文献中还引入了“组织结构能力”这一指标，用来衡量企业内部组织结构的变化，根据人员构成和职能分布的不同，利用生产经营人员和行政后勤人员比率作为人员构成的衡量指标，利用职能重叠率反映人员职能的构成情况。① 梳理文献发现，国有资本经济效率主要包含生产能力、盈利能力、偿债能力、资管能力和组织结构能力五个方面。表4－1从这五方面整理了国有资本经济效率评价指标。

表4－1　　国有资本经济效率评价指标

生产能力（A1）	盈利能力（B1）	偿债能力（C1）	资产管理能力（D1）	组织结构能力（E1）
劳动生产率	净资产收益率	流动比率	总资产周转率	生产经营人员比率
固定资产原值	总资产贡献率	速动比率	流动资产周转率	行政后勤人员比率
流动资产	成本费用利润率	资产负债率	资本集中度	机构职能重叠率

注：根据文献整理所得。

关于具体指标的选择，具体指标选择会依据实证方法的不同有所差异，主要围绕资本和劳动两个要素展开。第一，劳动要素，主要选取了期末企业从业人员、平均从业人员等（王灵华、薛晶，2008；徐凤江，2009；朱克朋、刘小玄，2012；汪慧玲、鲁德帝，2016）。第二，资本要素，主要选取了企业财务指标，包括：主营业务收入、主营业务成本、利润总额、固定资产、总资产贡献率、流动资产周转率、产品销售率等（袁辉、戴大双，2008；马占新、温秀晶，2010；李福成，2011；盖庆恩、朱喜等，2015）。

（2）“社会效率”评价指标

追求经济效率并非国有资本的唯一目标，因此为了全面评价国有资本的运营效率，还应考虑其社会效率。根据利益相关者理论，企业是多个利益相关者相互联系构成的“契约共同体”，包括股东、员工、顾客、供应商、债权人、政府、社区和生态环境。国有资本不是单一追求股东利益最大化，而

① 徐丹丹，曾章备，董莹．基于效率评价视角的国有企业分类改革实现路径研究——以高端装备制造业为例［J］．中国软科学（CSSCI），2017（7）：182－192。

有责任和义务为所有利益相关者和社会持续创造价值。构建国有资本社会效率的评价指标，应结合国有资本的多元化功能，需要综合考虑国有企业对股东、员工、生态环境、政府等承担的社会责任。随着我国经济逐步由高速发展阶段转向高质量发展阶段，我国的经济社会发展正逐步由投资、要素驱动转变为人才、创新驱动。国有资本需要不断提高创新能力，不仅有利于自身的长远发展，同时也有利于社会整体的技术进步。本书将国有资本"社会效率"的评价指标分成创新能力、劳动关系、政策承担情况和环境保护指标四个维度的指标，见表 4－2。①

表 4－2　　国有企业社会效率评价指标

创新能力（A2）	劳动关系（B2）	政策负担情况（C2）	环境保护（D2）
R&D 经费投入	职工平均薪酬	就业贡献率	节能减排支出
R&D 人员	员工满意度	税收贡献率	资源消耗量
专利申请数	职工平均工作年限	企业慈善捐赠支出	节能减排量

注：根据文献整理所得。

参照以往国有企业利益相关理论和社会责任评测方面的研究（黎毅，2010；王晓巍、陈慧，2011；栾强、罗守贵，2016），结合数据的可得性，分别从创新能力、劳动关系等多个层面选取典型指标测评企业在社会功能层面的效率值。其中，较为常用的评价指标有：创新效率、就业贡献率、税收贡献率、职工平均薪酬、福利增加值、企业捐赠支出、节能减排能力、财政支持力度等（陈霞、杨静、陈亮，2011；杨静，2015；卞继红，2015；黄炳凯、窦学诚，2015）。与经济效率评价指标的选取和设计思路一致，在选取了初步的社会效率评价指标之后，还需要把这些指标进一步分为投入指标和产出指标。其中，投入指标有：R&D 经费投入、R&D 人员、职工平均薪酬、资源消耗量和节能减排支出；产出指标有：专利申请数、员工满意度、职工平均工作年限、就业贡献率、企业慈善捐赠支出、节能减排量。

① 徐丹丹，曾章备，董莹．基于效率评价视角的国有企业分类改革实现路径研究——以高端装备制造业为例［J］．中国软科学（CSSCI），2017（7）：182－192。

4.2.3 评价指标体系构建

投入指标与产出指标的选取关系到最终测算结果的准确性与客观性，因此所选择的投入指标与产出指标要求能够充分反映国有上市公司对生产经营的投入与相应业绩，还要考虑两者的可获得性。前人研究多以企业职工人数、总资产、主营业务成本或者总成本作为研究的投入指标，主营业务收入或者净利润等作为产出指标，因此资本投入、人力投入两大因素可作为投入指标选取的范畴，盈利能力、经营收入、财政贡献和创新能力作为产出的选取范畴。在投入产出指标的选择中不仅考虑国有资本的经济效率，产出指标中选取了反映盈利能力和经营收入的指标，同时也选取了反映社会功能的财政贡献指标，本书同时选取了反映创新能力的指标，创新能力不仅是企业利润最大化的自主选择，同时也会产生正外部性，促进社会整体的技术进步。创新能力既能反映经济效率，也能反映社会效率。本书在参照前人指标选取情况以及 DEA 模型运用条件的基础上，最终确定投入产出指标为 9 个，其中投入指标 4 个，包括资产总额、营业总成本、员工人数和全部高管持股市值；产出指标为 5 个，包括每股收益、营业总收入、利润总额、纳税总额和发明专利。投入产出指标的选取见表 4－3。

表 4－3　投入产出指标的选取

分类	指标名称	具体指标
投入指标	资本投入	资产总额/万元
		营业总成本/万元
	人力投入	员工人数/人
		全部高管持股市值/万元
产出指标	盈利能力	每股收益（EPS）/元
	经营收入	营业总收入/万元
		利润总额/万元
	财政贡献	纳税总额/万元
	创新能力	专利申请数量/个

1. 投入指标

投入指标中选取资本投入和人力投入的相关指标。结合生产函数的定义，企业投入一般包含资本、劳动和人力资本。资产总额衡量了企业的资本水平，反映企业为了创造利润动用的资源总量；员工人数来反映企业投入的劳动；而高管持股市值反映了企业家的才能，代表企业家的人力资本投入。

（1）资本投入

资产总额：选择资产总额作为投入指标，主要是想从总资源角度考察国有企业是否承担了与其资产总额相匹配的社会责任。此外，不同国有上市公司之间由于资本结构存在差异，且同一国有上市公司不同时期的股本和资产结构也不尽相同，这会使得有些指标之间存在不可比性，选用资产总额作为投入指标就很好地避免了该种情况的发生。

营业总成本：营业成本指主营业务成本和其他业务成本，营业成本在很大程度上反映出企业开展业务和维持运营所投入的资金要素，因此可以被选作为资金投入指标。

（2）人力投入

劳动力是每一个公司正常运营必不可少的重要人工投入量。在其他研究成果中，学者们在衡量劳动力的投入量上主要使用员工总人数、应付职工薪酬等指标。本书选取员工人数代表人力投入的数量，选取全部高管持股市值衡量企业家管理企业的才能资源投入，反映了人力投入的质量。

员工人数为

$$\text{员工人数}=\frac{\text{期初员工人数}+\text{期末员工人数}}{2}$$

全部高管持股市值：指全部高管持有股票的市场价值，其计算公式为

$$\text{全部高管持股市值}=\text{全部高管持股数量}\times\text{期末股票价格}$$

2. 产出指标

（1）盈利能力

衡量盈利能力常使用每股收益这一指标。每股收益指标有静态与动态之分，静态每股收益的计算公式为

$$\text{每股收益}=\frac{\text{归属于普通股股东的当期净利润}}{\text{当期实际发行在外的普通股加权平均数}}$$

而动态每股收益则是从指定日期前推 12 个月的净利润除以最新的总股本，计算公式为

$$每股收益 = \frac{归属母公司股东的净利润（Trailing\ Twelve\ Months，TTM）}{最新总股本}$$

为了能够更好地反映样本上市公司的盈利能力，本书最终选取动态每股收益，即每股收益（TTM）作为产出指标之一。

（2）经营收入

主营业务收入和利润总额作为经营收入的两项指标。

主营业务收入。从财物会计的角度来看，是指公司由经常性的、主要业务所生成的基本收入，以主营业务收入作为经济效率评价的产出指标能够很好地反映企业当期的盈利状况。

利润总额。是指企业在生产经营过程中的收入扣除成本之后的结余，是衡量企业经营业绩的一项十分重要的经济类指标，作为一个产出指标，反映了上市公司的总体盈利状况。利润总额的数学表达式为

$$利润总额 = 营业利润 + 营业外收入 - 营业外支出$$

（3）财政贡献

以往研究文献直接用企业纳税总额衡量企业税收贡献的大小，根据税收“取之于民，用之于民”的特点，企业税收贡献的大小，直接反映了其社会效率值的高低。其计算公式为

$$纳税总额 = 营业税金及附加 + 所得税费用$$

（4）创新能力

专利申请是企业把R&D经费和人员投入转为无形资产和保护企业创意、技术、科研成果的重要手段，能帮助企业在市场竞争占据有利位置，从而推动企业积极履行社会责任。目前，我国的专利包括发明专利、实用新型专利和外观设计专利三种类型，故专利申请数在数值上等于发明专利申请数、实用新型专利申请数和外观设计专利申请数的加总。

社会效率的衡量指标没有选择表4－2社会效率评价指标体系中“环境保护”方面的指标，这是因为：一方面，披露环境保护方面信息的上市公司数量非常少，难以获取相关的数据。另一方面，在社会责任报告中披露的环境保护的子指标的口径不统一，难以进行对比分析，环境保护方面的披露指标既有数量指标，例如一氧化碳、二氧化碳减排量、节水量等；也有金额指标，例如环保投入支出和排污费等。因此没有将“环境保护”方面的指标纳入社会效率的评价指标体系中。

4.3　本章小结

4.3.1　综合考虑经济效率和社会效率，构建国有资本运营效率评价指标体系

为了构建科学合理的运营效率评价指标体系，本书从研究方法、指标选取和主要结论三个角度系统梳理了关于国有资本运营效率评价的文献，从国内外研究来看，主要从“直接效率”和“间接效率”两个层面构建国有资本运营效率的指标体系。“直接效率”主要关注经济效率，包括全要素生产率和财务绩效表现，从“直接效率”来看，大部分结论认为国有资本效率低。然而随着国有企业改革的逐步深化，学者们开始关注国有资本的“间接效率”，认为对国有资本效率的全面评价离不开国有资本承担的提供公共服务、推动技术进步、引导前瞻性战略性产业发展等特殊功能，从技术提供、增进社会整体福利、提供公共物品、提供就业等多个方面衡量了国有资本的社会效率，大部分文献得到间接效率较高的结论。2015 年《关于深化国有企业分类改革的指导意见》明确了在对国有企业的运营效率进行评价和考核时不仅要考虑国有资本的财务绩效和盈利能力，更要“加强对服务国家战略、保障国家安全和国民经济运行、发展前瞻性战略性产业以及完成特殊任务的考核。”这意味着如果单纯从经济效率评价和讨论国有资本的运营效率，是有失偏颇的，应该从经济效率和社会效率两个角度全面考察国有资本的运营效率，设计一套合适的效率评价指标体系。本书在产出指标选择中不仅考虑国有资本的经济效率，选取了反映盈利能力和经营收入的指标，同时也选取了反映社会功能的财政贡献指标，另外同样选取了反映创新能力的指标，提升创新能力不仅是企业利润最大化的自主选择，同时也会产生正外部性，促进社会整体技术进步，因此创新能力既能反映经济效率，也能反映社会效率。在参照指标选取以及 DEA 模型指标构建标准的基础上，最终确定投入产出指标为 9 个，其中投入指标 4 个，包括资产总额、营业总成本、员工人数和全部高管持股市值；产出指标为 5 个，包括每股收益、利润总额、营业总收入、纳税总额和发明专利。

4.3.2 选取 DEA 模型和 Malmquist 指数模型对国有资本运营效率进行评估

从研究方法来看，随着企业效率评价方法在不同领域和细分行业的广泛应用，各种分析方法不断被创新、整合和完善。通过文献梳理发现效率的评价方法主要有财务指标分析法、参数分析法和非参数分析法三种，以 DEA 为代表的非参数分析法得到了广泛应用，但大多使用单一方法进行研究。本书综合运用多种评价方法，选取 DEA 模型和 Malmquist 指数模型分别从静态和动态两个维度对国有资本的运营效率进行研究，这在目前的国内外研究方法方面是欠缺的，也是本书的创新之处。

第5章　基于总量的国有上市公司运营效率的衡量与优化研究

5.1　数据与指标

5.1.1　样本选取

本书选取在沪深证券交易所上市的所有A股，并逐步筛选所需的样本。首先，根据“公司属性”指标筛选出1026家国有上市企业。其次，根据“所属证监会行业名称”指标剔除金融和房地产行业并剔除被警示风险的上市公司（删除所有年份ST*、特别处理（Special Treatment，ST）和特别转让（Particular Transfer，PT）的公司）。再次，剔除了新上市三年以内的公司以控制盈余管理现象以及删除所有变量都没有默认值。最终，逐步筛选后符合研究的样本为642家国有上市企业。

确定样本范围之后，在考虑研究目的的基础上，将上市公司运营效率的研究时间限定在2014—2017年，数据截至2017年12月31日。所有数据来源于Wind数据库、CSMAR数据库、国家统计局网站以及上市公司年报。

5.1.2　指标选取

投入指标与产出变量的选取关系到最终测算结果的准确性与客观性，因此所选择的投入指标与产出指标要求能够充分反映国有上市公司对生产经营的投入与相应业绩，还要考虑两者的可获得性，以上即为投入指标与产出指标的选取原则。

前人研究多以企业职工人数、总资产、主营业务成本等作为投入指标，主营业务收入或者利润总额等作为产出指标，因此资本投入、劳动投入两大因素可作为投入指标选取的范畴，营业收入和发明专利作为产出的选取范畴。在参照前人指标选取情况以及 DEA 模型运用条件的基础上，最终确定投入产出指标为 9 个，其中投入指标 4 个，包括资产总额、员工人数、营业总成本和全部高管持股市值；产出指标为 5 个，包括利润总额、营业总收入、每股收益、纳税总额和发明专利，见表 5－1。

表 5－1　　投入产出指标体系

指标类别	选取具体指标
投入指标	资产总额/万元
	员工人数/人
	营业总成本/万元
	全部高管持股市值/万元
产出指标	利润总额/万元
	营业总收入/万元
	每股收益/元
	纳税总额/万元
	专利申请数量/个

5.1.3　数据处理

使用 DEA 分析法处理效率问题时，模型要求所有运算数据必须为非负数，而所选样本中部分国有上市公司存在亏损的现象。在以往的研究中若遇到此种情况，多数研究者采用的是数据标准化处理从而将负数转化为非负数。借鉴此种处理方法试运行后发现，由于所选样本原始数据相差悬殊，标准化处理之后反而使得新结果呈现出“数据扎堆”现象，即差值在一定范围之内的原始数据经过标准化处理后得到的新数据几乎相同或者需要追溯到 4 位小数点才能辨别差异。因此本书采用将指标数据同时加上一个正值，进行“平移”处理，根据相关的 DEA 理论，进行平移处理之后的数据不会影响计量结果。为了满足 DEA 模型的运行条件，完成 DEA 的有效分析，需要根据原始数据对样本进行再次筛选，去除逻辑上不该是负值的数据和缺失的数据后，样本上市公司剩余 642 家，所有数据皆为非负值，完全可用于 DEA 模型分析。

DEA 模型还要求投入指标与产出指标之间要具有一定的相关性，这样才有利于模型估算结果保持相对的客观性。因此在样本重新筛选之后利用 EViews 6.0 软件对投入指标与产出指标之间的相关性进行检验，见表 5－2。

表 5－2　　　　皮尔逊相关性检验

指标		利润总额	每股收益	纳税总额	营业总收入	发明专利
员工总数	皮尔逊相关性	0.739**	0.075**	0.812**	0.858**	0.469**
	显著性（双尾）	0.000	0.000	0.000	0.000	0.000
	个案数	2568	2568	2568	2568	2568
全部高管持股市值（调整）	皮尔逊相关性	0.008	0.051**	－0.003	0.000	0.040*
	显著性（双尾）	0.704	0.009	0.869	0.988	0.042
	个案数	2568	2568	2568	2568	2568
资产总额	皮尔逊相关性	0.832**	0.081**	0.437**	0.327**	0.045*
	显著性（双尾）	0.000	0.000	0.000	0.000	0.022
	个案数	2568	2568	2568	2568	2568
营业总成本	皮尔逊相关性	0.379**	0.056**	0.868**	0.989**	0.580**
	显著性（双尾）	0.000	0.004	0.000	0.000	0.000
	个案数	2568	2568	2568	2568	2568

注：** 表示在 0.01 级别（双尾），相关性显著；* 表示在 0.05 级别（双尾），相关性显著。

从表 5－2 可以看出，投入指标员工总数与产出指标之间的相关系数均在 0.7 以上，相关程度都很高。但是同样可以发现有些投入产出指标之间的相关系数较小，但是考虑到这些指标均是衡量上市公司盈利能力的最常用财务指标，综合反映公司获利能力，并且指标的相关性受到多种因素的影响。综合考量后可以看出所选指标体系是相对较为合理的。

表5－3选取2568个国有上市公司样本数据进行统计分析。

表5－3　　投入产出指标数据的描述性统计

指标	最小值	最大值	平均值	标准差
资产总额/万元	63809868.88	26087043000000	153230660319.757	1277016332812.45
员工总数/人	21	534652	14090.8536	44361.19051
营业总成本/万元	23218239.1	2764419000000	27315810539	133774751750.961
全部高管持股市值/万元	0	6051700.34	10650.8757	155531.501
利润总额/万元	－5853320651	364641000000	3705761525	22255032155
营业总收入/万元	19762669.95	2825914000000	30589362709	142491210446.051
每股收益/元	－3.69	21.56	0.4284	0.83481
纳税总额/万元	431329.53	265508480600	2040276815	14785000512
发明专利数量/个	0	5585	95	425.78

5.2　基于DEA－BCC模型的结果分析

5.2.1　基于BCC的静态模型测算

基于VRS假设下投入导向模式，利用MAXDEA软件测算在我国上海和深圳两个证券交易所上市交易的642家国有上市公司的2014—2017年度运营效率值crste和vrste，crste即为CRS假设下的CCR模型所求得的综合运营效率值（Technical Efficiency，TE），vrste即为BCC模型所得纯技术运营效率值（Pure Technical Efficiency，PTE）。根据：$SE=\frac{TE}{PTE}$，进一步求得决策单元的规模效率，即分析结果中的scale值。

将4年的国有上市企业的各项指标进行妥善处理之后，运用MaxDEA软件对其进行静态的效率值计算，得到基于投入导向的BCC模型的各效率值，将其汇总分类并统计，见表 5 -4。

表 5 -4　　**2014—2017 年国有企业效率均值**

年份	技术效率	纯技术效率	规模效率
2014	0. 774155	0. 847105	0. 923991
2015	0. 792524	0. 850651	0. 939669
2016	0. 720396	0. 787681	0. 925335
2017	0. 797947	0. 848796	0. 947841
均值	0. 771256	0. 833558	0. 934209

为了更直观地分析国有企业效率值的变化趋势，对国有企业的技术效率值的变化趋势绘成曲线，如图 5. 1 所示。

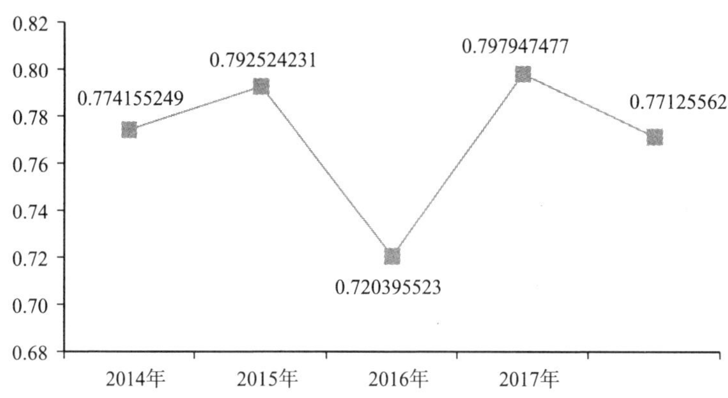

图 5. 1　技术效率曲线

技术效率描述的是企业的经营情况，对于 BCC 静态模型来说，技术效率均值是 642 家企业经营效率的平均值。为了对国有企业的效率有一个更好的描述，将每一年里面国有企业处于生产前沿面的数量做了一个统计，处于生产前沿面的国有企业是处于相对有效率阶段，即它们的技术效率、纯技术效率和规模效率均为 1。2014—2017 年，处于生产前沿面的企业数量持续增加，见表 5 -5。处于生产前沿面的企业占总数的比例变化整体呈上升趋势，如图 5. 2 所示。

表 5-5　处于生产前沿面的企业数（比例）

年份	2014	2015	2016	2017
个数	49（0.076）	54（0.084）	56（0.087）	62（0.096）

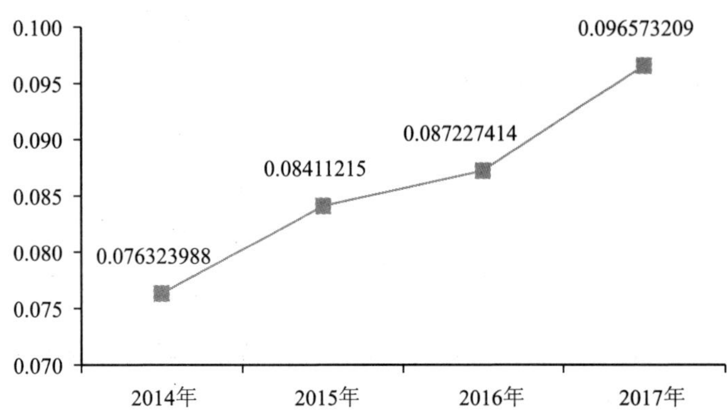

图 5.2　处于生产前沿面的企业占总数的比例变化趋势

5.2.2　静态结果分析

1. 国有企业的技术效率、纯技术效率偏低，规模效率较高

从表 5-4 可以看出，2014—2017 年国有上市企业的技术效率均为 0.7～0.8，还有改进的空间。纯技术效率略高于技术效率，但是总体上来看，依然较低，分布为 0.78～0.85。规模效率是三者之间表现最好的一个指标，从数值上来看，2014—2017 年国有上市企业的规模效率全部都为 0.9 以上，数值很大，接近生产前沿。从趋势上来看，三个指标都表现稳定，四年里没有大幅度的波动。

2. 处于生产前沿的国有企业数量逐年增加

从总体上来看，国有企业的效率表现很稳定，从单个企业来说，2014—2017 年每年都有企业较上一年有进步，处于生产前沿的企业数量逐年增加，占比越来越高，从 2014 年的 0.076 到 2017 年的 0.096，4 年来增加了 0.02。处于生产前沿的企业占总数的 0.1 左右，表现逐年变好。

3. 国有企业的纯技术效率拉低了整体技术效率

在规模效率较好的情况下，纯技术效率数值偏低从总体上拉低了国有企业的技术效率。纯技术效率指标与企业的技术知识和管理水平有关，因此要不断提高国有企业的管理水平，调整管理结构，优化企业的生产理念，在保持规模效率较好的情况下，通过深化改革和企业创新，提高国有企业的纯技术效率，从而提高技术效率。

5.3　基于 Malmquist 生产率指数模型的结果分析

5.3.1　基于 Malmquist 指数模型的测算

通过模型计算得到了国有上市企业4年来的投入、产出效率的动态值即全要素生产率指数、效率值和技术变化的情况，见表5-6。

表5-6　　国有上市企业全要素生产率构成情况

年份	effch	techch	pech	sech	tfpch
2	1.027	0.941	1.007	1.02	0.967
3	0.893	1.25	0.907	0.985	1.116
4	1.13	0.771	1.101	1.026	0.871
均值	1.012	0.968	1.002	1.01	0.979

注：effch 表示技术效率变化指数，techch 表示技术进步指数，pech 表示纯技术效率指数，sech 表示规模效率指数，tfpch 表示全要素生产率指数。

全要素生产率反映的是企业动态的生产效率进步情况，它是对企业生产效率的总的考察，全要素生产率如果大于1就表明企业在生产效率方面是进步的；反之就是退步的。为了更直观地了解国有上市企业的全要素生产率指数的构成情况，将各要素指标放在一张图上面做比较，结果如图5.3所示。

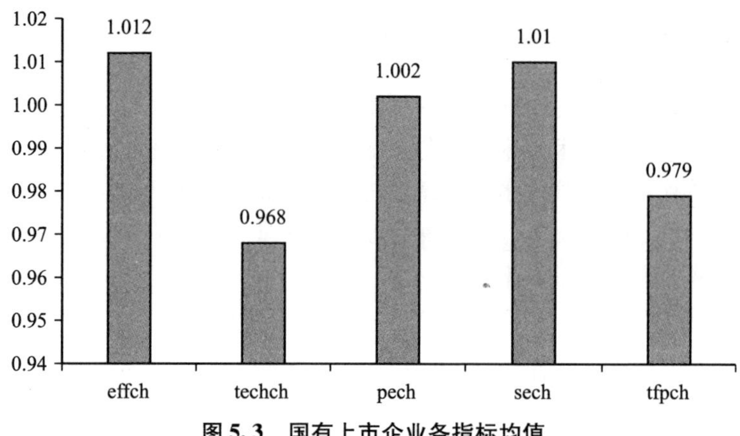

图 5.3　国有上市企业各指标均值

为了直观了解4年来国有企业全要素生产率变化趋势，根据表5-6可以得到图5.4。

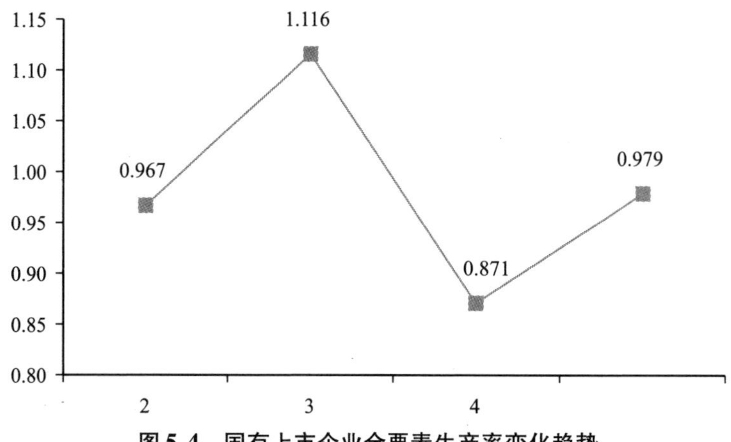

图 5.4　国有上市企业全要素生产率变化趋势

5.3.2　测算结果分析

1. 国有上市企业的全要素生产率呈现波动趋势

从图5.4来看，国有上市企业的全要素生产率指数逐年变化的数值较大，2014—2015年全要素生产率指数为0.967，小于1，经营效率是退步的；2015—2016年生产率指数为1.116，说明这一年来的经营效率是增长的，是进步的；2016—2017 年，生产率指数又降到了 1 以下，仅为 0.871，数值很小，这说明国有上市企业 2016—2017 年经营效率很差，没有达到上一年的生产经营水平。

2. 技术进步指数降低了整体的全要素生产率

表 5－6 和图 5.3 均显示，技术效率变化指数、纯技术效率指数和规模效率指数均值都在 1 以上，它们对全要素生产率的贡献是正的，但是技术进步效率指数仅为 0.968，水平较低，因而拉低了全要素生产率。技术进步指数与企业的技术创新力度有关，在国有企业里，其对技术创新的动力较小，去改进技术水平的意愿更小，因此拖累了全要素生产率的增长水平。

5.4　DEA 投影值测算与要素投入量优化分析

5.4.1　投影值的测算

DEA 模型在测算决策单元技术效率的同时，会根据投入产出数据提供实际投入产出与相对有效前沿面之间的差距（不足或者冗余），基于这一原理，可利用 DEA 模型的投影分析对国有上市公司运营效率的投入冗余或产出不足进行量化分析，得到投入产出的改进变动量。根据量化分析结果，提出相应的生产建议或改进措施。

DEA 模型投影分析的主要目标是对非 DEA 有效的决策单元的投入和产出进行调整将其转换为 DEA 有效。投影分析主要是利用投入和产出在有效前沿上的投影，从而将投入和产出调整到有效前沿上。投影值则是指要素投入量与产出量的改进变动量。DEA 模型投影分析所用的公式为

$$\hat{x}_0 = \theta x_0 - s^-, \quad \hat{y}_0 = y_0 + s^+$$

式中，（$\hat{x}_0$，$\hat{y}_0$）是决策单元原始值（x_0，y_0）在前沿面上的投影，它相对于原决策单元是 DEA 有效的。所以，为了使原决策单元转换为有效状态，需要在原有的基础上改变（Δx_0，Δy_0），即投入改进变动量 $\Delta x_0 = (1-\theta) x_0 - s^-$，产出改进变动量 $\Delta y_0 = s^+$。

投影分析提供一种测算量化各指标节省投入或增加产出的数量及幅度，如果消除这些在投入量、产出量方面的欠缺，则可以使得并评价的决策单元

由无效转为有效状态。

无效决策单元在前沿上的投影值表示目标值，那么目标值、原始值和改进值的关系可表示为：目标值 = 原始值 + 改进值，投入的改进值用负数表示，产出的改进值用正数表示。其中改进值包括两个部分：一是比例改进值；二是松弛改进值。如果无效决策单元仅完成比例改进，但如果存在松弛问题则为弱有效。只有完成比例改进和松弛改进后，才能保证决策单元变为强有效。

本节只对松弛变量进行分析。一般而言，经过松弛改进后的决策单元是强有效的。

为了便于说明问题，本节选取 2017 年的 BCC 模型的分析结果的前 20 个样本。本节在 DEA 分析结果的基础上，通过投影分析，测算出非 DEA 有效企业要素投入的变动量与产出的变动量，为改进优化国有上市公司样本的运营效率提供目标和方案，具体投入产出调整见表 5 -7 和表 5 -8。

表 5 -7　　样本前 20 个国有上市企业投入产出松弛变量值

决策单元	效率值	投入指标松弛值				产出指标松弛值				
		员工总数	全部高管持股市值	资产总额	营业总成本	利润总额	每股收益	纳税总额	营业总收入	发明专利
001	0.842747	0	-4717.37	0	0	0	0	275000000	0	1.346541
002	1	0	0	0	0	0	0	0	0	0
003	0.971583	-101.543	0	0	0	25771917	0.055011	82107.56	689417.9	0.093796
004	0.785244	-16705.5	0	0	0	2500000000	1.733087	1180000000	0	0
005	0.632687	-131.091	-450.606	0	0	539000000	0.021212	491000000	0	0
006	0.983557	0	0	0	0	0	0.104738	20919690	9764176	0.053859
007	0.846633	-3615.37	0	0	0	468000000	0.116011	180000000	0	0
008	0.707126	0	0	-45000000000	0	280000000	0.85968	0	283000000	2.065484
009	0.954437	-4340.31	0	0	0	1430000000	0	908000000	0	0
010	0.618428	-700.343	-39.7354	0	0	420000000	0.204465	181000000	0	0.951284

续表

决策单元	效率值	投入指标松弛值				产出指标松弛值				
		员工总数	全部高管持股市值	资产总额	营业总成本	利润总额	每股收益	纳税总额	营业总收入	发明专利
011	0.761045	-3346.64	0	0	0	1110000000	0.700057	751000000	0	0
012	0.703842	0	0	-10000000000	0	3340000000	1.063686	0	0	19.49057
013	0.824458	-451.637	0	0	0	287000000	0.17755	72696273	0	0
014	0.577733	-246.855	0	0	0	553000000	0.285577	266000000	0	0
015	0.998626	-588.004	0	0	-150000000	412000000	0	155000000	0	0
016	0.69013	-3150.2	0	0	0	3670000000	1.932827	1500000000	0	0
017	0.561117	-809.282	-78.0044	0	0	655000000	0.443714	327000000	0	1.318097
018	0.850062	-5307.96	-1176.26	0	0	2450000000	2.113971	1130000000	0	23.48992
019	0.374948	-904.784	-592.497	-1200000000	0	1350000000	0.924325	516000000	0	0.190677
020	0.894073	0	0		-1300000000	1460000000	0	405000000	0	0.689769

表5-8　　样本前20个国有企业投入产出投影值

决策单元	投入指标投影值				产出指标投影值				
	员工总数	全部高管持股市值	资产总额	营业总成本	利润总额	每股收益	纳税总额	营业总收入	发明专利
001	328.9503	2.107366	11700000000	2160000000	6810000000	5.2846	496000000	2960000000	2.346541
002	5196	1	5390000000	2180000000	6680000000	5.7331	668000000	2900000000	1
003	54.45737	1	1530000000	513000000	5900000000	4.780611	20389664	514000000	1.093796
004	2650.426	1940.56	13000000000	11000000000	9080000000	6.788787	1430000000	14200000000	36
005	956.5718	209.9367	5050000000	1050000000	7260000000	5.491012	657000000	2460000000	3
006	320	1	1400000000	313000000	5920000000	5.017438	27701928	357000000	1.053859
007	925.4797	491.5117	3030000000	2700000000	6510000000	5.123411	260000000	3350000000	34

续表

决策单元	投入指标投影值				产出指标投影值				
	员工总数	全部高管持股市值	资产总额	营业总成本	利润总额	每股收益	纳税总额	营业总收入	发明专利
008	5845	1	32300000000	14500000000	7440000000	5. 73748	1150000000	15800000000	4. 065484
009	17296. 26	16. 33549	21500000000	38600000000	8750000000	7. 1578	1340000000	41300000000	12
010	483. 5505	23. 13106	2470000000	686000000	6520000000	5. 075165	308000000	1350000000	1. 951284
011	1960. 343	5641. 841	7890000000	5210000000	7850000000	6. 027857	876000000	7190000000	34
012	2335. 249	7. 212367	43000000000	8700000000	11600000000	6. 271486	1880000000	14000000000	20. 49057
013	588. 8136	1275. 578	1590000000	1400000000	6180000000	4. 92785	121000000	1720000000	22
014	525. 5632	471. 0594	2430000000	842000000	6490000000	5. 073377	291000000	1480000000	5
015	9997. 996	1	7620000000	11800000000	6760000000	6. 1521	302000000	12500000000	97
016	8272. 023	150. 5427	20500000000	9400000000	10400000000	7. 196727	1650000000	14000000000	425
017	743. 8644	23. 46652	3930000000	948000000	6940000000	5. 309214	505000000	2030000000	2. 318097
018	2932. 003	44. 92055	16100000000	15100000000	9790000000	7. 261771	1760000000	19000000000	26. 48992
019	996. 9069	2. 9378	5870000000	918000000	7400000000	5. 620325	736000000	2450000000	2. 190677
020	2001	1	11500000000	7760000000	7980000000	5. 6578	578000000	9730000000	9. 689769

5. 4. 2　投入量优化分析

通过 DEA 模型投影分析，已经进一步探究得到了非 DEA 有效样本公司的投入冗余与产出不足的状况。由表 5 －7 和表 5 －8 可以清晰地看出各国有上市公司距离目标值所需要的投入与产出改进。

第一，表 5 －7 显示，除了第二个决策单元的效率值为 1 之外，其他 19 个决策单元的技术效率均不为 1。这说明其他 19 个决策单元没有处在生产前沿面上，有改进的空间。

第二，每一个效率值小于 1 的决策单元，都有具体的改进方案。例如对于决策单元 1，它的投入指标中的全部高管持股指标有投入冗余，在表 5 －7 中，给出了它的改进方向，即减少 4717. 37 单位的全部高管持股市值投入；

在产出方面，纳税总额和发明专利数量要相应地增加，才能最终到达生产前沿面，达到 DEA 有效状态。相似的，决策单元 15，它的投入冗余存在于员工总数和营业总成本项，将这两个投入指标的数值减少特定值之后，再对产出指标中的利润总额和纳税总额两个指标进行相应地增加，就可以达到 DEA 有效状态。

第三，对于已经处于 DEA 强有效状态的决策单元，其投影值就是原始值。决策单元 2 的技术效率值为 1，这说明其处于生产的有效率状态，已经达到了帕累托最优的生产规模。此时，无法通过简单地减少投入或增加产出来继续提高其效率值，它的投入松弛和产出松弛值均为 0，即没有改进空间。

在所有的国有上市公司样本中，只要其不处于 DEA 有效状态，那么就可以通过调整要素投入量和提高产出使得公司运营效率达到 DEA 有效状态。通过 DEA 模型的投影分析，可以量化非 DEA 有效状态的 DMU（Diesel Multiple - Unit，决策单元）转化为有效所需要改进的投入冗余量，这就可以为提高国有上市公司运营效率提供改进目标和优化方案，即本书最后所要实现的研究目的。从结果来看，基于投入导向 DEA - BCC 模型能够较为合理地测算国有上市公司样本的运营效率，通过所获得的效率值以及 DEA 模型投影分析，对要素投入的冗余以及产出不足等进行优化，通过具体的改进方案实现非 DEA 有效上市企业向 DEA 有效的转换，从而为公司运营效率改进提供了可选方案。

5.5　本章小结

5.5.1　混合所有制改革对国有资本的运营效率具有正向作用

本书利用 2014—2017 年 642 家沪深国有上市企业的数据以及 DEA 分析方法考察了国有资本的运营效率，同时利用 Malmquist 指数分析研究了国有资本效率的波动，进而分析十八届三中全会启动的混合所有制改革是否显著提升了国有资本的运营效率。DEA 模型的静态分析结果显示 2014—2017 年国有资本的总体效率、纯技术效率和规模效率三个指标表现稳定，2014—2017 年没有大幅度的波动。Malmquist 指数分析的结果同样显示国有资本的运营效率呈现波动趋势。2014—2015年的生产率指数为0.967，小于1，意味着运营效率降低，2015—2016年的生产率指数为1.12，说明这一年国有资本运营效率得到了提升，然而2016—2017年的生产率指数为0.871，运营效率进一步下降。然而值得注意的是处于生产前沿的国有企业数量逐年增加，2014—2017年处于生产前沿的企业数量逐年增加，占比也逐年提升，从2014年的7.6%上升到2017年的9.6%。这一结果显示混合所有制改革对国有资本的运营效率具有正向作用。

5.5.2 国有资本的纯技术效率拉低了总体效率

国有企业的纯技术效率拉低了整体技术效率水平。从测算的效率值来看，规模效率是三者之间表现最好的一个指标，2014—2017年规模效率全部都在0.9以上，接近生产前沿。而技术效率则为0.7~0.8，还有改进的空间。在规模效率较好的情况下，纯技术效率数值的偏低从总体上拉低了国有企业的技术效率。纯技术效率指标与企业的技术知识和管理水平有关，因此要不断推进提高国有企业的管理水平，调整管理结构，优化企业的生产理念。Malmquist指数分析的结果显示技术进步效率仅为0.968，从数值上来说拉低了整体的全要素生产率。技术进步指数与企业的技术创新力度有关，在国有企业里，其对技术创新的动力较小，从整体上拖累了全要素生产率。

5.5.3 投影分析有助于优化要素投入，制定具体的优化方案

本章的投影分析显示只要其不处于DEA有效状态，可以通过调整要素投入量使得国有资本运营效率达到DEA有效状态。这意味着可以通过DEA所获得的效率值以及DEA模型投影分析，对要素投入的冗余以及产出不足等进行优化，通过具体的改进方案实现非DEA有效上市企业向DEA的有效转换。

第6章　不同国有股权集中度的国有资本运营效率的衡量与优化研究

6.1　混合所有制背景下国有股权集中度的描述性分析

6.1.1　数据来源与样本选取

为了研究混合所有制背景下国有股权集中度对国有资本运营效率的影响，我们进行了以下工作。

数据来源与样本选取：上市公司的主要财务数据均来自CSMAR数据库、Wind数据库以及上市公司年报。按照惯例，根据“所属证监会行业名称”指标剔除金融和房地产行业，剔除被警示风险的上市公司（删除所有年份ST*、ST和PT的公司），剔除了新上市三年以内的公司以控制盈余管理现象。

国有企业的判定：如果公司属性是地方国有企业、中央国有企业，或者控制人类型是地方国有企业、地方国资委、地方政府、集体企业、中央国家机关和中央国有企业的样本判定为国有企业。对于公众企业和集体企业，根据CSMAR数据库公司研究系列下的股权性质下的“股权性质”判断，如果股权性质为“国企”，则为国有企业。

国有股权比例的计算：上市公司年报会公布前十大股东的股东性质，本书将前十大股东中的国有股和国有法人股进行加总得到国有股比例。由于我国的股权集中度很高，不在前十大股东之列的股东通常持股比重很小，因此根据前十大股东持股比例计算的国有股权比例不会明显低估实际国有控股份额①。上市公司年报均来自巨潮资讯网。

6.1.2 国有股权集中度的总体分布

国有股比例的频率分布如图6.1所示。由图6.1可以看出，国有股比率集中为30% ~60%，这区间的企业数量占到总数量的63.63%；国有股比率小于20%的企业占比3.27%，国有股比率大于80%的公司仅占比1.91%。参照姚圣娟和马健（2008）的股权集中度计算方法，以国有股权集中度50%与20%为分界点，将沪深两地的国有上市公司分为国有绝对控股、相对控股以及一般控股三类，结合图6.1，可知国有绝对控股、相对控股和一般控股的比例分别为42.17%、54.56%和3.27%，意味着相对控股型国有企业占比最高。

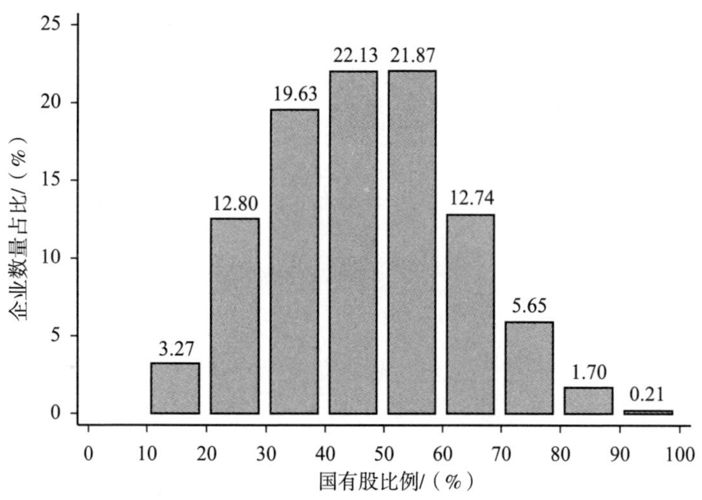

图6.1 国有股比例的频率分布

6.1.3 国有股权集中度的行业分布

分行业国有股比例的描述统计分析见表6－1。

① 徐传谌，张海龙．高端装备制造业国有股权比例的“底部价值陷阱”研究［J］．求是学刊，2018（1）：51－58。

表6-1　　　　分行业国有股比例的描述性统计分析

行业	编号	均值	最大值	最小值	标准差
交通运输、仓储和邮政业	1	53.46	90.92	25.71	13.94
住宿和餐饮业	2	46.75	78.61	21.04	11.70
信息传输、软件和信息技术服务业	3	45.72	77.16	13.33	13.62
农、林、牧、渔业	4	42.50	76.23	13.77	16.82
制造业	5	44.21	89.98	9.74	14.84
建筑业	6	48.25	80.86	16.56	15.14
批发和零售业	7	41.01	75.90	10.12	15.10
教育	8	38.83	46.71	22.49	8.74
文化、体育和娱乐业	9	57.61	84.49	22.72	16.84
水利、环境和公共设施管理业	10	44.41	75.00	24.03	13.64
电力、热力、燃气及水生产和供应业	11	52.72	92.19	14.43	15.26
科学研究和技术服务业	12	61.11	76.88	25.58	14.74
租赁和商务服务业	13	45.35	76.96	17.81	17.90
综合	14	33.16	73.03	14.52	15.54
采矿业	15	57.53	92.17	20.74	15.33
全行业		46.47	92.19	9.74	15.76

每个行业国有股比例的核密度（kernel density），如图6.2所示。

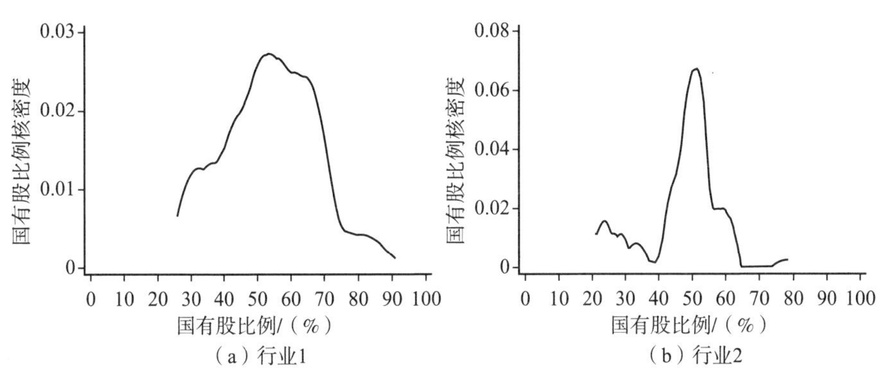

（a）行业1　　（b）行业2

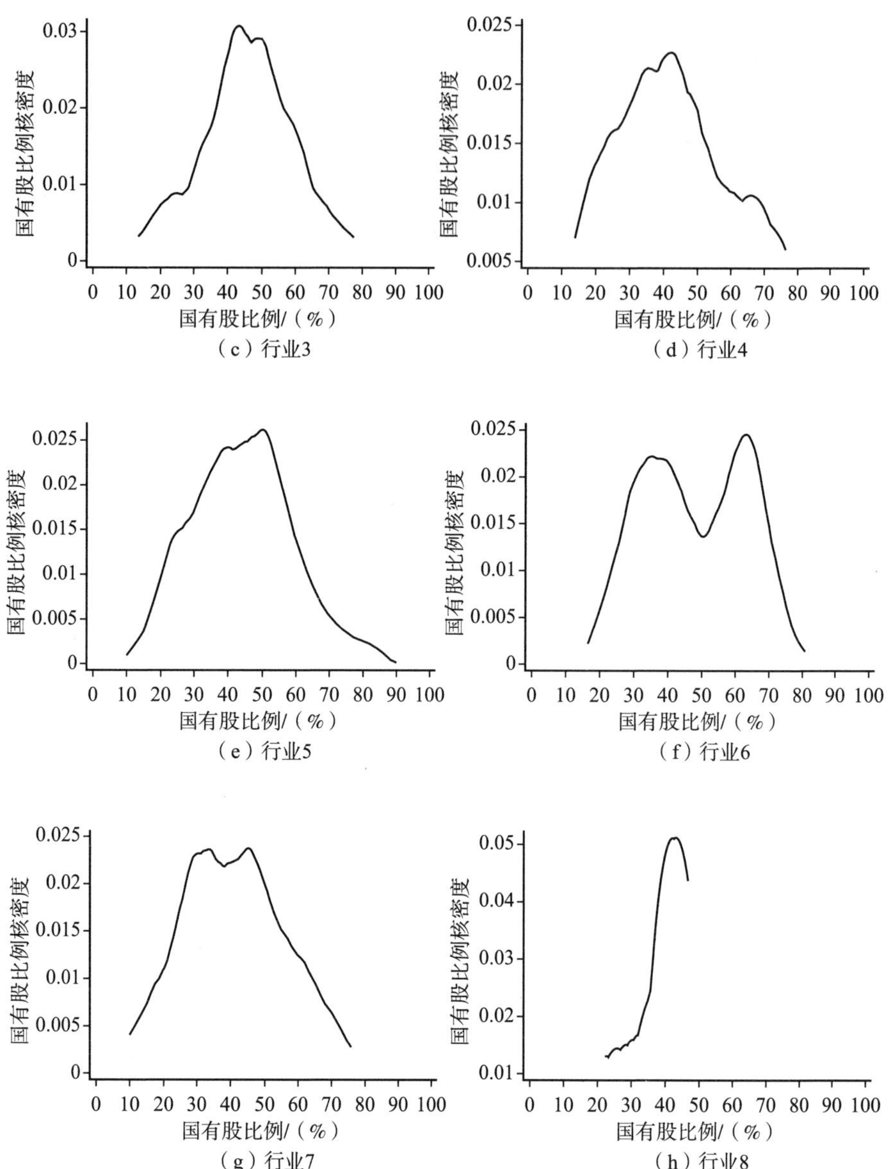

（c）行业3

（d）行业4

（e）行业5

（f）行业6

（g）行业7

（h）行业8

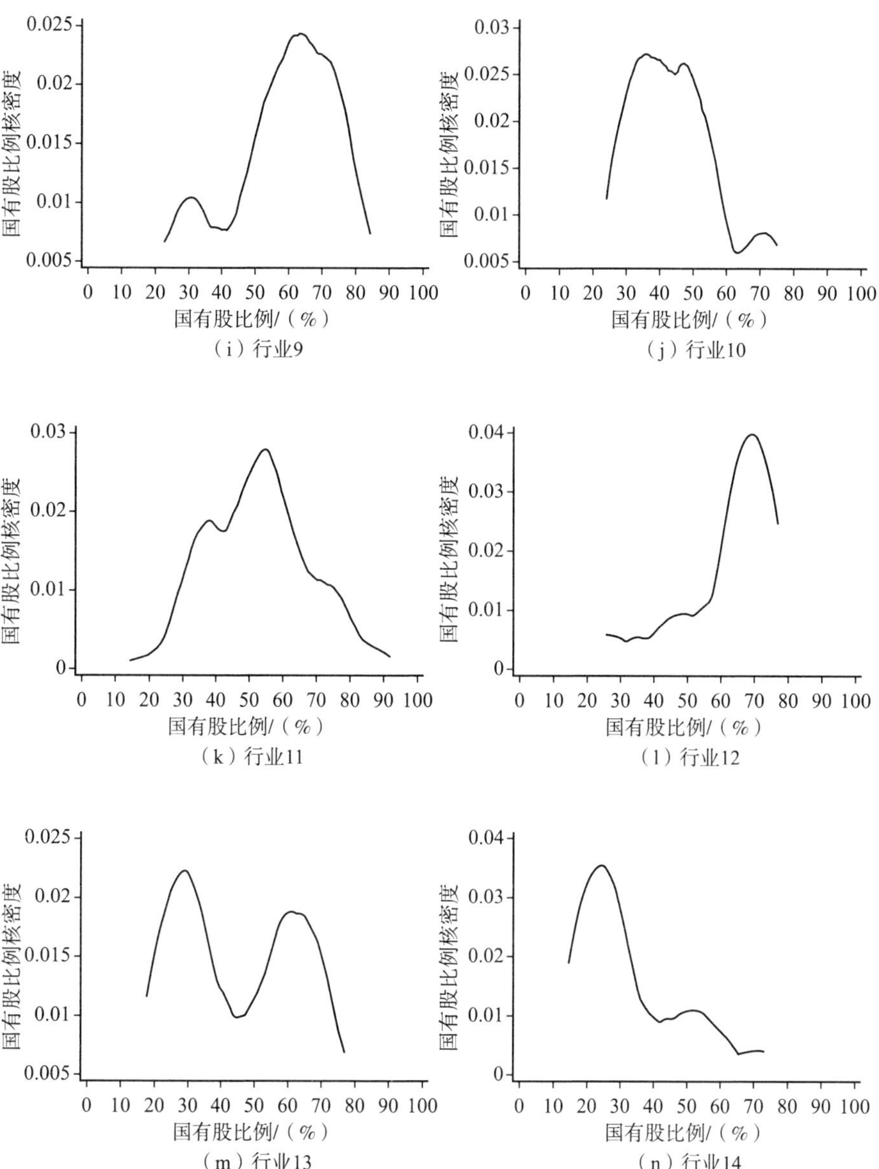

（i）行业9
（j）行业10
（k）行业11
（l）行业12
（m）行业13
（n）行业14

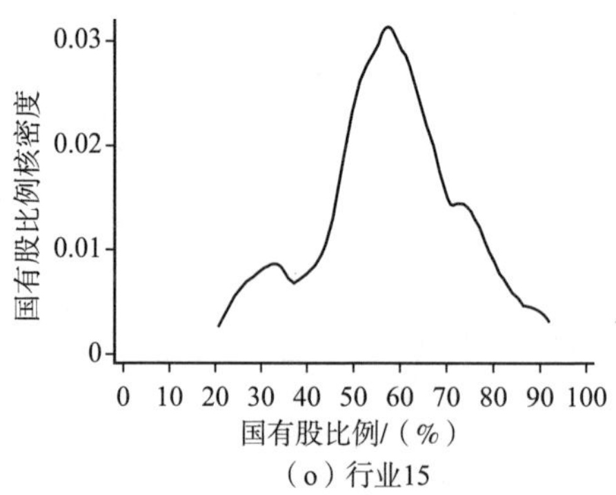

（o）行业15

图 6.2　分行业国有股比例的核密度

将国有企业按照行业进行区分，可划分为 15 类。从全行业来看，相对控股企业数量最多，绝对控股企业数量次之，一般控股企业最少。分行业来看，相对控股型企业依然数量最多、占比最大。在住宿和餐饮业，教育，文化、体育和娱乐业，水利、环境和公共设施管理业，科学研究和技术服务业与采矿业这几个行业中，一般控股型企业数量为 0。尤其是教育行业，12 家企业全为相对控股企业。而在住宿和餐饮业，教育、文化、体育和娱乐业，电力、热力、燃气及水生产和供应业，科学研究和技术服务业与采矿业中，绝对控股型企业要多于相对控股型企业。制造业，电力、热力、燃气及水生产和供应业以及批发和零售业，分别为全行业中企业数量前 3 名。

6.2　国有股权集中度与国有资本运营效率的内在关系研究

6.2.1　不同股权集中度的国有控股类型企业运营效率比较分析

不同股权集中度的国有控股类型企业的运营效率比较分析，见表 6 – 2。

表6-2　　不同国有控股类型企业的运营效率对比

控股类型	均值	最大值	最小值	标准差
国有一般控股	4.68	78.89	-22.68	7.31
国有相对控股	5.10	229.91	-82.52	8.55
国有绝对控股	6.34	158.11	-68.02	7.38
全样本	5.61	229.91	-82.52	8.06

注：这里使用总资产收益率ROA（%）为运营效率的评价指标。

本书将总资产收益率（Return on Assets，ROA）（%）作为运营效率的评价指标。由表6-2可以看出，在这三种类型的公司中，国有相对控股企业运营效率的标准差大于全样本的均值，而国有一般控股和绝对控股企业则小于全样本。

6.2.2　国有股权集中度与国有资本运营效率的关系研究

国有股权集中度与国有资本运营效率的关系，如图6.3所示。

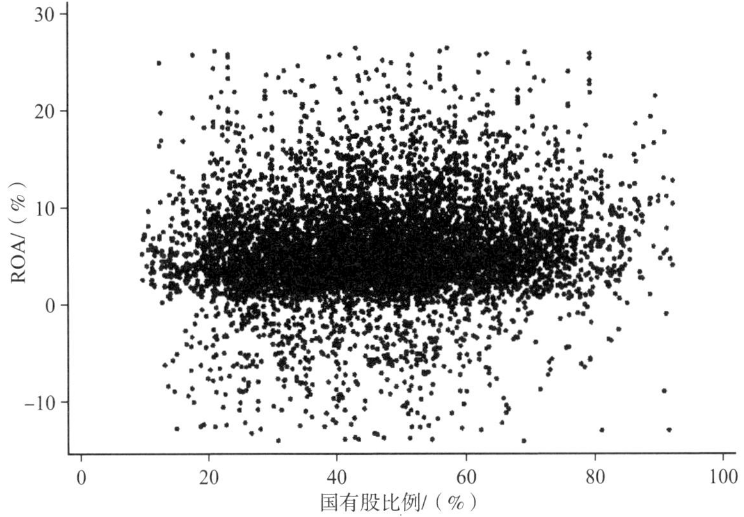

图6.3　国有股比例与总资产收益率散点

由图6.3可以看出，ROA集中在5%左右，而国有股比例集中在30%～

60%。说明国有股控股比率为30%～60%时，运营效率分布为5%～10%。

6.2.3 不同行业国有股权集中度与国有资本运营效率的关系研究

不同行业国有股权集中度与国有资本运营效率的关系，如图6.4所示。

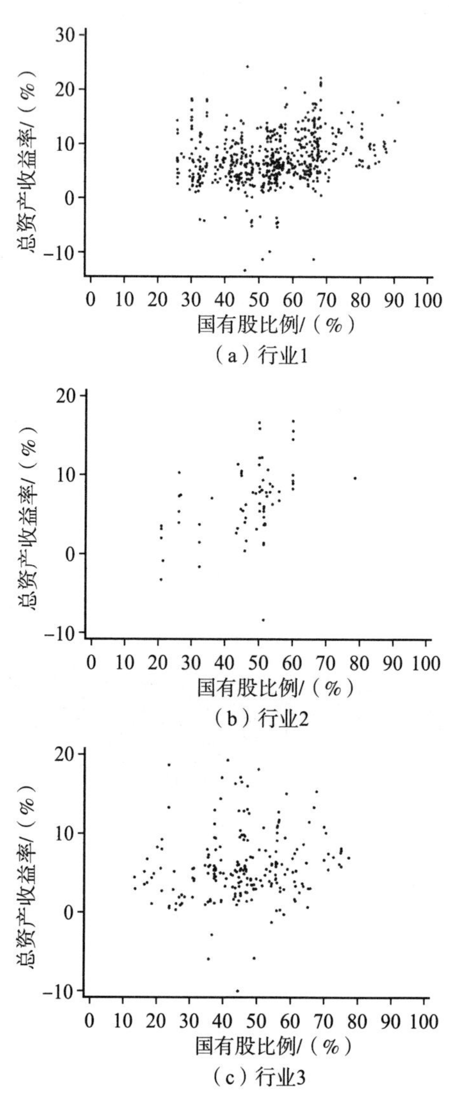

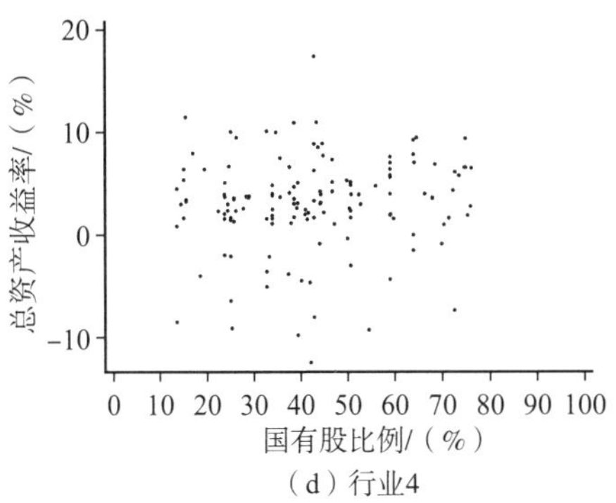

（d）行业4

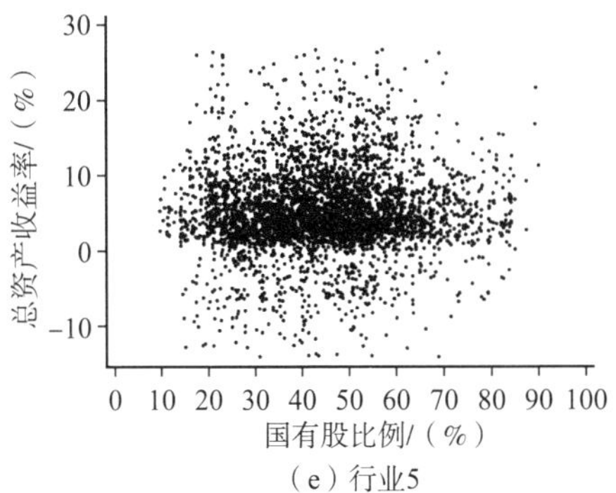

（e）行业5

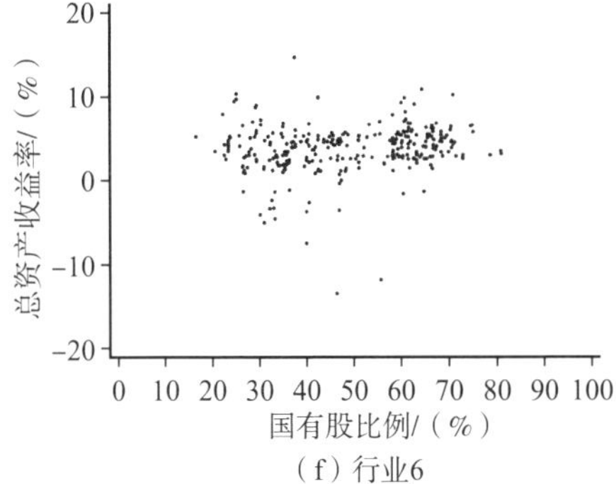

（f）行业6

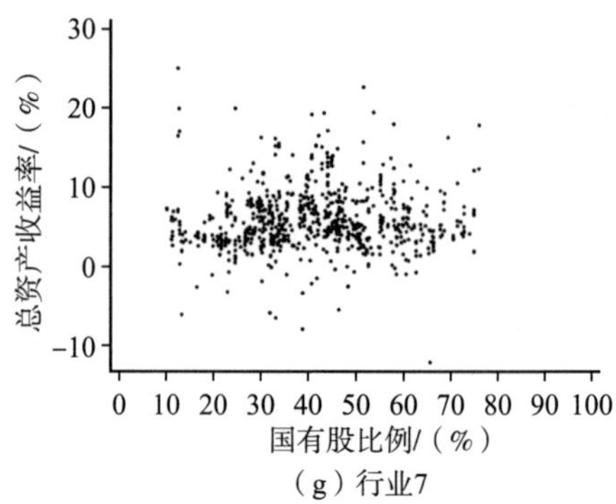

（g）行业7

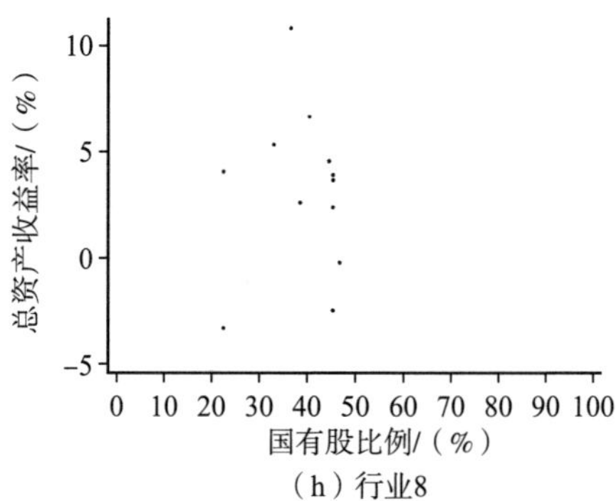

（h）行业8

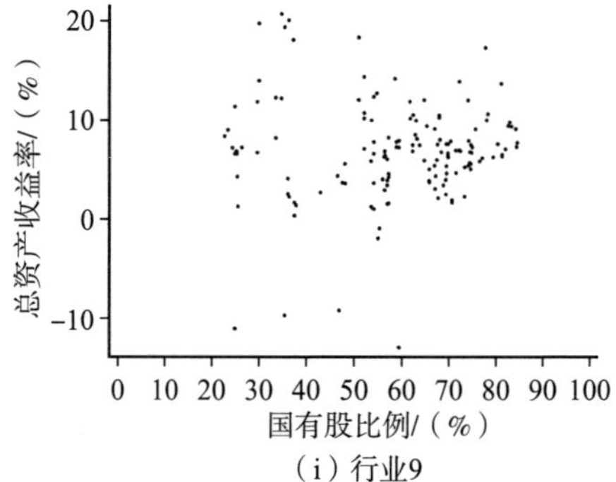

（i）行业9

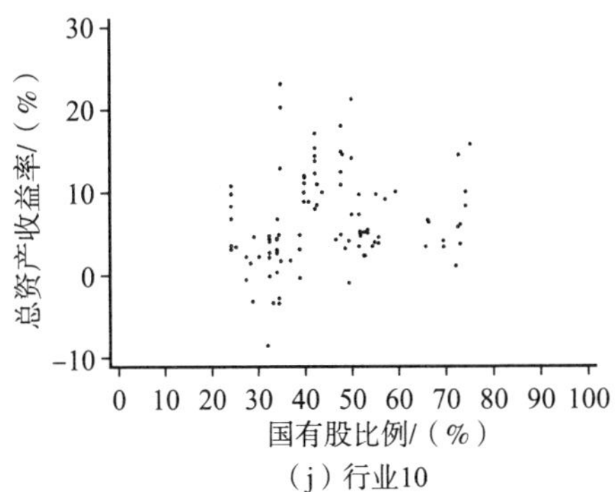

（j）行业10

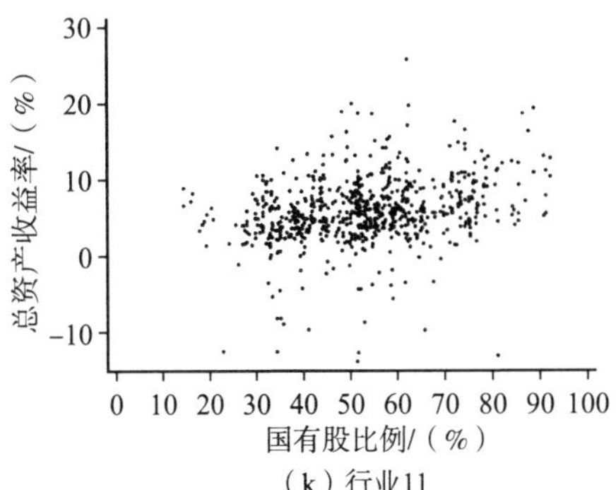

（k）行业11

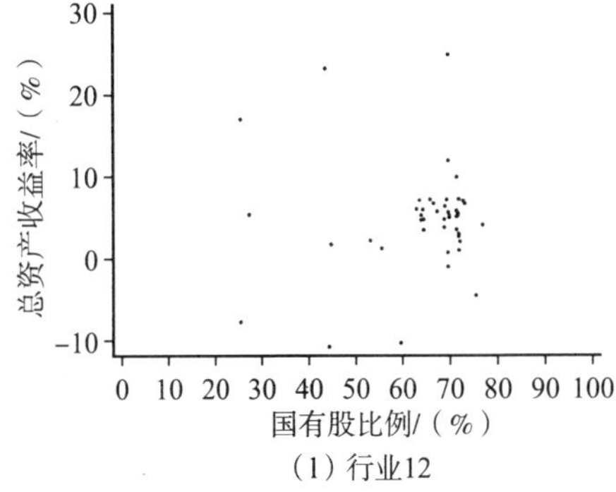

（l）行业12

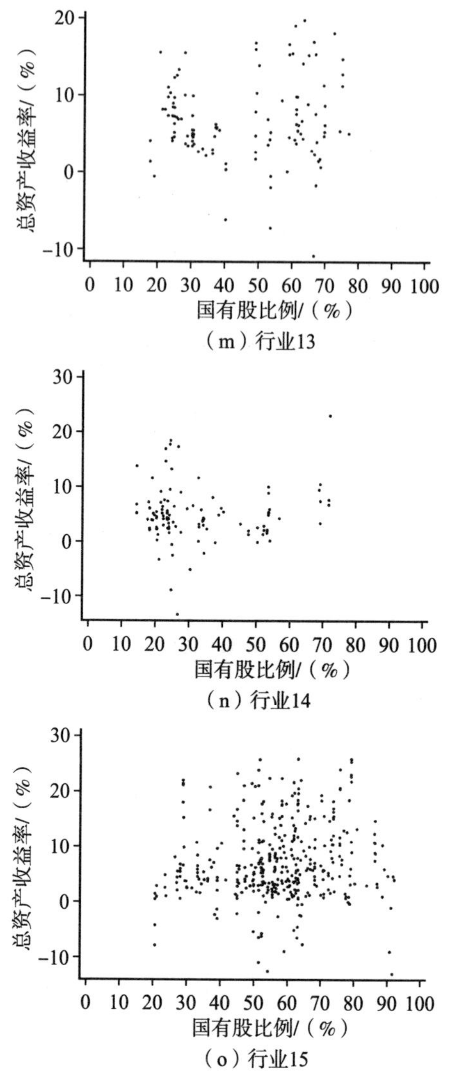

图 6.4　不同行业国有股比例与总资产收益率的散点

由图 6.4 可以看出，不同行业的运营效率表现不同。交通运输、仓储和邮政业，制造业，批发和零售业，电力、热力、燃气及水生产和供应业等行业对应的国有股比例较为集中，国有股比例为 30% ~60%，运营效率大约为 5%。而教育，文化、体育和娱乐业，水利、环境和公共设施管理业，科学研究和技术服务业，租赁和商务服务业等行业在国有股比例和运营效率上分布较为分散。

6.3　国有股权集中度对国有资本运营效率影响的实证分析

6.3.1　国有股权集中度对国有资本运营效率的影响分析

1. 描述性统计分析

结合以往的研究和数据的可行性，本节选取了以下变量，变量的描述统计分析见表6-3。

表6-3　主要变量定义和描述性统计

变量	说明	单位	均值	标准差	最小值	最大值
ROA	总资产收益率	%	5.56	5.93	-14.08	26.53
State	国有股比例	%	46.47	15.76	9.74	92.19
lnAsset	总资产对数	万元	13.30	1.45	3.87	21.46
Debt	负债率	%	50.88	20.25	7.81	96.48
Liq	流动比率	%	1.70	2.31	0.00	68.97
Growth	总资产同比增长率	%	12.24	22.17	-29.15	126.17
Income	营业收入同比增长率	%	10.94	26.88	-49.52	126.31
History	公司历史	年	16.51	5.36	0.00	39.00
Senior	高管持股比例	%	0.51	2.69	0.00	57.58

注：本书对ROA、Debt、Growth、Income进行了1%WINSOR处理。

（1）被解释变量：企业的总资产收益率是衡量企业绩效最重要的指标之一，是成熟市场投资选择的基础，因此选取总资产收益率（ROA）来反映企业的财务绩效。

（2）解释变量：国有资本对国有企业的控制力常以国有股权比重表示，

是核心解释变量。因此选择国有股比例（State）和国有股比例的平方（$State^2$）作为解释变量。

（3）控制变量：文献中学者们常以企业资产总额、主营业务收入、利润总额或员工人员作为企业规模的衡量指标，本节选取资产总额衡量企业规模，并且取对数。选用资产负债率（Debt）和流动比率（Liq）分别作为企业长期和短期的偿债能力的衡量指标。选用总资产同比增长率（Growth）和营业收入同比增长率（Income）作为企业的发展能力的衡量指标。

此外，还考虑了公司历史（History）、高管持股比例（Senior）对企业绩效的影响。对变量进行了 Pearson 相关性分析，结果见表6－4。

表6－4　主要变量的相关关系

变量	ROA	State	lnAsset	Debt	Liq	Growth	Income	History	Senior
ROA	1.00								
State	0.11***	1.00							
lnAsset	0.07***	0.29***	1.00						
Debt	－0.28***	－0.01	0.35***	1.00					
Liq	0.13***	－0.01	－0.17***	－0.46***	1.00				
Growth	0.28***	0.00	0.07***	－0.01	0.08***	1.00			
Income	0.28***	－0.04***	0.03***	0.02	0.00	0.36***	1.00		
History	－0.07***	－0.28***	－0.02*	0.04***	－0.06***	－0.11***	－0.07***	1.00	
Senior	0.13***	－0.16***	－0.08***	－0.14***	0.23***	0.14***	0.06***	－0.04***	1.00

2. 模型设定

在上述数据库的基础上，运用层次回归法。在模型1中，首先对控制变量进行回归（这里的 $Control_i$ 代表前文中的7个控制变量，下同）：

$$ROA_{i,t} = \alpha_i + \sum_{7}^{1} \beta_i \, Control_i + \varepsilon_{i,t} \qquad (6-1)$$

在模型2中，对控制变量和国有股比例的一次项和平方项进行回归（对股东持股量取一年滞后以控制股权结构的内生性，其中 $State^2$ 代表国有股比例的平方项，下同）：

$$ROA_{i,t} = \alpha_i + \beta_1 State_{i,t-1} + \beta_2 State^2_{i,t-1} + \sum_{9}^{3} \beta_i Control_i + \varepsilon_{i,t} \quad (6-2)$$

在模型 3 中，在模型 2 的基础上加入了行业虚拟变量：

$$ROA_{i,t} = \alpha_i + \beta_1 State_{i,t-1} + \beta_2 sq_{State_{i,t-1}} + \sum_{9}^{3} \beta_i Control_i + \sum_{23}^{10} \beta_j industry_j + \varepsilon_{i,t} \quad (6-3)$$

在模型 4 中，在模型 3 的基础上进一步加入了年度虚拟变量：

$$ROA_{i,t} = \alpha_i + \beta_1 State_{i,t-1} + \beta_2 sq_{State_{i,t-1}} + \sum_{9}^{3} \beta_i Control_i + \sum_{23}^{10} \beta_j industry_j + \sum_{31}^{24} \beta_m year_m + \varepsilon_{i,t} \quad (6-4)$$

3. 实证结果

回归结果见表 6 - 5。

表 6 - 5　　国有股集中度与国有资本运营效率的实证结果分析

变量	模型 1	模型 2	模型 3	模型 4
State		0.0595*** (3.03)	0.0575*** (2.93)	0.0704*** (3.63)
$State^2$		-0.0004** (-1.97)	-0.0004** (-2.03)	-0.0005** (-2.46)
lnAsset	0.7275*** (16.47)	0.6768*** (14.03)	0.6468*** (13.02)	0.8195*** (16.03)
Debt	-0.1002*** (-28.77)	-0.0956*** (-26.27)	-0.0941*** (-24.94)	-0.1010*** (-26.79)
Liq	-0.0806*** (-2.73)	-0.0923*** (-2.88)	-0.0590* (-1.84)	-0.0590* (-1.86)
Growth	0.0485*** (16.48)	0.0506*** (15.16)	0.0515*** (15.53)	0.0481*** (14.58)

续表

变量	模型 1	模型 2	模型 3	模型 4
Income	0.0458*** (19.27)	0.0448*** (18.26)	0.0446*** (18.31)	0.0418*** (16.62)
History	-0.0189* (-1.67)	0.0008 (0.07)	-0.0227* (-1.76)	0.0632*** (4.32)
Senior	0.1434*** (6.27)	0.2002*** (7.78)	0.2127*** (8.31)	0.2380*** (9.36)
Constant	0.3372 (0.56)	-1.4258* (-1.77)	0.1391 (0.16)	-2.7897*** (-3.14)
行业效应	No	No	Yes	Yes
年度效应	No	No	No	Yes
N	7621	6773	6773	6773
R^2	0.2234	0.2192	0.2362	0.2550

注：***、**和*分别表示在1%、5%、10%水平上显著，括号中是基于White异方差稳健型标准误计算而得的t值。

模型1中对控制变量的回归结果，与其他的模型相比，各个控制变量系数的变化并不明显。

模型2是对解释变量国有股比例与企业绩效的关系进行检验。从模型2的回归结果可以看出，国有股比例一次项系数显著为正，平方项系数显著为负，即国有股比例与企业绩效之间存在倒U型关系。表明当企业的国有股比例较小时，国有股比例与企业绩效正相关，当达到某一临界值时，企业的国有股比例与企业绩效负相关。

模型3在模型2的基础上加入了行业虚拟变量，考虑了行业固定效应。国有股比例一次项与平方项的符号未发生改变，且都显著。拟合优度R^2从0.2192提升至0.2362，表明国有股比例对企业绩效的影响存在着行业效应。模型4在模型3的基础上加入了年度虚拟变量，考虑了时间固定效应。国有股比例一次项与平方项的符号未发生改变，且都显著。

6.3.2 国有股权集中度对国有资本运营效率影响的作用机制分析

本节主要从股东制衡视角分析了国有股权集中度对国有资本运营效率的影响。选取 Z 指数（公司第一大股东与第二大股东持股比例的比值）作为衡量股权制衡度的指标。样本中 Z 指数均值为 19.52，标准差为 37.92，最小值为 1.02，最大值为 185.86。见表 6-6。

表 6-6　国有股权集中度对国有资本运营效率影响的作用机制分析

变量	模型5	模型6	模型7	模型8
State	0.0681 *** (3.42)	0.0674 *** (3.38)	0.0834 *** (4.23)	0.0750 *** (3.52)
$State^2$	-0.0005 ** (-2.36)	-0.0005 ** (-2.49)	-0.0006 *** (-3.07)	-0.0006 ** (-2.57)
Z	-0.0199 *** (-2.96)	-0.0216 *** (-3.23)	-0.0274 *** (-4.13)	-0.0473 ** (-2.32)
State#Z	0.0002 ** (2.26)	0.0003 ** (2.53)	0.0003 *** (3.25)	0.0010 (1.50)
$State^2$#Z				-0.0000 (-1.04)
lnAsset	0.6629 *** (13.71)	0.6300 *** (12.65)	0.8046 *** (15.74)	0.8020 *** (15.67)
Debt	-0.0952 *** (-26.16)	-0.0938 *** (-24.88)	-0.1009 *** (-26.80)	-0.1008 *** (-26.78)
Liq	-0.0951 *** (-2.96)	-0.0622 * (-1.94)	-0.0630 ** (-1.99)	-0.0625 ** (-1.98)

续表

变量	模型 5	模型 6	模型 7	模型 8
Growth	0.0499*** (14.95)	0.0508*** (15.32)	0.0471*** (14.27)	0.0470*** (14.25)
Income	0.0445*** (18.14)	0.0443*** (18.20)	0.0415*** (16.51)	0.0416*** (16.53)
History	-0.0011 (-0.08)	-0.0247* (-1.91)	0.0638*** (4.36)	0.0639*** (4.37)
Senior	0.1930*** (7.49)	0.2052*** (8.00)	0.2294*** (9.02)	0.2274*** (8.91)
Constant	-1.2268 (-1.52)	0.3649 (0.42)	-2.6105*** (-2.94)	-2.3551** (-2.55)
行业效应	No	Yes	Yes	Yes
年度效应	No	No	Yes	Yes
N	6771	6771	6771	6771
R^2	0.2210	0.2381	0.2580	0.2581

注：①***、**和*分别表示在1%、5%、10%水平上显著，括号中是基于White异方差稳健型标准误计算而得的 t 值。②State#Z 为国有股比例与 Z 指数的交乘项，State^2#Z 为国有股比例平方与 Z 指数的交乘项。

表6-6中模型5，6，7，分别是在表6-5中模型2，3，4的基础上，加入了 Z 指数和 Z 指数与国有股比例的交乘项。表6-6的模型8，在模型7的基础上进一步加入了国有股比例二次项与 Z 指数的交乘项。回归结果见表6-6。表6-6中模型5，6，7的回归结果显示，国有股比例一次项与 Z 指数的交乘项系数均显著为正，说明股权制衡度的提高会强化国有股比例对企业绩效的影响。模型5，6，7中 R^2 的依次提高说明，股权制衡度的影响也存在着行业效应和年度效应。表6-6中模型8的回归结果显示，国有股比例平方项与 Z 指数的交乘项系数并不显著为负，说明股权制衡度并不会显著弱化国有股比例与企业绩效之间的倒U型关系。

对国有资本运营效率影响的作用机制进行分析，见表6-7。

表 6－7　　　国有资本运营效率影响的作用机制分析

变量	模型 9	模型 10	模型 11
State	0. 0838 *** (3. 73)	0. 0772 *** (3. 46)	0. 0490 ** (2. 46)
$State^2$	－0. 0007 *** (－2. 90)	－0. 0006 ** (－2. 55)	－0. 0003 (－1. 50)
Ratio	－0. 2894 *** (－2. 82)		
State#Ratio	0. 0054 (1. 58)		
$State^2$#Ratio	－0. 0000 (－0. 88)		
Sep		－0. 0564 (－0. 65)	
State#Sep		0. 0023 (0. 67)	
$State^2$#Sep		－0. 0000 (－0. 56)	
Senior			－0. 1451 (－0. 86)
State#Senior			0. 0126 (1. 19)
$State^2$#Senior			－0. 0000 (－0. 13)
行业效应	No	Yes	Yes
年度效应	No	No	Yes
N	6834	6434	6834
R^2	0. 2682	0. 2641	0. 2645

注：①***、**和*分别表示在1%、5%、10%水平上显著，括号中是基于White异方差稳健型标准误计算而得的t值。②Ratio代表第一大股东持股比例除以第二大股东至第十大股东持股比例之和，Sep代表两权分离率，Senior为高管持股比例。③State#Ratio为国有股比例与Ratio的交乘项，$State^2$#Ratio为国有股比例平方与Ratio的交乘项，其余类同。

6.3.3 国有股权集中度对国有资本运营效率影响的分行业分析

为了探究国有股权集中度对国有资本运营效率的影响是否存在行业异质性，对Wind数据库中的行业分类进行了调整，行业分类详见表6－8。

表6－8　调整后的各行业企业分布情况

行业名称	行业编号	企业数/家	占比/（%）
交通运输、仓储和邮政业	1	615	8.03
信息传输、软件和信息技术服务业	2	219	2.86
制造业	3	4277	55.81
建筑业	4	317	4.14
批发和零售业	5	712	9.29
教育、文化、体育和娱乐业	6	168	2.19
水利、环境和公共设施管理业	7	103	1.34
电力、热力、燃气及水生产和供应业	8	734	9.58
租赁和商业服务业	9	120	1.57
采矿业	10	398	5.19
合计		7663	100.00

对表6－8中的10类行业类别分别进行模型2的回归，并在模型2中，固定了年度效应。分行业回归结果见表6－9。

表6－9　分行业回归结果

变量	行业3	行业5	行业7	行业10
State	0.0884*** (3.08)	0.2275*** (4.72)	0.7178** (2.03)	0.3472*** (3.54)

续表

变量	行业 3	行业 5	行业 7	行业 10
$State^2$	-0.0008*** (-2.65)	-0.0024*** (-4.30)	-0.0068* (-1.82)	-0.0026*** (-2.97)
lnAsset	1.0348*** (13.52)	0.4590*** (2.85)	-0.6645 (-0.73)	0.5028*** (2.80)
Debt	-0.1165*** (-21.29)	-0.0479*** (-4.60)	-0.1238** (-2.25)	-0.1008*** (-4.98)
Liq	-0.0304 (-0.68)	0.0267 (0.17)	0.2674 (0.49)	-0.6437*** (-4.29)
Growth	0.0512*** (10.72)	0.0334*** (3.85)	0.0069 (0.23)	0.0789*** (4.54)
Income	0.0526*** (13.84)	0.0303*** (4.37)	0.0653*** (2.75)	0.0371*** (3.23)
History	0.0381* (1.80)	0.0995** (2.44)	0.2661 (1.05)	-0.0241 (-0.33)
Senior	0.2647*** (8.26)	0.8307*** (5.97)	3.4218* (1.79)	0.2524* (1.74)
Constant	-5.5360*** (-4.54)	-4.0514* (-1.74)	-3.9198 (-0.39)	-2.7581 (-0.67)
N	3611	611	87	330
R^2	0.2883	0.2281	0.3838	0.5309

注：①***、**和*分别表示在 1%、5%、10%水平上显著，括号中是基于 White 异方差稳健型标准误计算而得的 t 值。②其余行业的国有股比例一次项和平方项系数均不显著，并未列出。

其中制造业，批发和零售业，水利、环境和公共设施管理业，采矿业这 4 类行业的国有股比例一次项显著为正，平方项系数显著为负。并且该 4 类行业的二次项系数的绝对值均大于全样本的二次项系数绝对值，说明国有股比例与企业绩效的倒U型关系更强，其中水利、环境和公共设施管理业的国有股比例二次项系数绝对值最大，倒U型关系最强。由二次函数极值点公式 $-\frac{b}{2a}$ 可以求出，该4个行业的最优国有股比例分别为55.25%、47.40%、52.78%、66.77%。

6.4 本章小结

本章通过描述性分析和实证分析具体研究了我国国有企业资本现状和国有资本在不同股权集中度下、不同行业的运营效率，对研究国有资本运行效率的提高有参考价值。

6.4.1 国有相对控股型企业数量最多

本章在混合所有制背景下基于不同股权集中度来研究国有资本的运营效率。首先，通过将国有企业按照绝对控股、相对控股和一般控股进行分类，并且按照行业进行描述性分析。结果显示不论从总体还是行业上，在国有企业中，国有相对控股类型的企业数量最多，绝对控股型企业次之，一般控股型企业数量最少。大部分企业的国有股控股比率为30%～60%时，运营效率分布为5%～10%。

6.4.2 国有股比例和国有资本运营效率之间存在倒U型关系

本章利用2008—2017年沪深国有上市企业数据，以总资产收益率作为国有资本运营效率的代理变量，以国有股比例和国有股比例的平方作为国有股权集中度的代理变量，通过构建固定效应面板模型发现国有股比例与国有资本运营效率之间存在倒U型关系，这意味着国有股比例过高不利于提升国有资本的运营效率，从而论证了混合所有制改革的必要性和合理性。

6.4.3 国有股权集中度对国有资本运营效率的影响存在行业异质性

国有股权集中度对国有资本运营效率的影响存在着显著的行业差异。分行业研究中，只有制造业，批发和零售业，水利、环境和公共设施管理业，采矿业这 4 个行业国有股权集中度与国有资本运营效率之间呈现明显的倒 U 型关系，其他行业没有发现国有股权集中度与国有资本运营效率之间的线性和二次关系。这 4 个行业最优国有股比例分别为 55.25%、47.40%、52.78%、66.77%，其中批发和零售业最低，这意味着国有资本应加速从竞争性领域退出，还意味着混合所有制改革优化股权结构和调整国有股比例时应考虑行业差异。

6.4.4　公司治理结构不会显著影响国有股权集中度与国有资本运营效率之间的关系

本章最后在模型中引入 Z 指数（公司第一大股东与第二大股东持股比例的比例）和国有股权制衡度（第一大股东持股比例除以第二大股东至第十大股东持股比例之和）衡量股权制衡度、两权分离率衡量所有权与经营权之间的分离程度、高管持股比例作为高层薪酬激励的代理变量，从股权制衡、内部治理结构和薪酬激励三个层面考察了国有股权集中度对国有资本运营效率的影响是否会受到公司治理结构的影响，结果显示股权制衡度、两权分离率和高管持股比例不会显著影响国有股权集中度与国有资本运营效率之间的关系。

第 7 章　国有资本运营效率的案例研究——以高端装备制造业为例*

7.1　样本选取

本书对沪深上市公司主营业务为高端装备制造业领域的五大领域的公司进行删选，选出 68 家高端装备制造业企业作为研究的初始样本，然后按照以下步骤进行样本选取。

（1）由于研究对象为国有资本的运营效率，因此需要剔除非国有企业。根据“实际控制人性质”这项指标，选择“实际控制人性质”为“国有企业、中央及地方机构、行政机关和事业单位”的企业，界定为国有企业。

（2）剔除连续两年亏损的 ST 股、连续三年亏损被进行风险警示的 *ST 股和 PT 股。

（3）因为高端装备制造业上市企业中有一部分是军工类企业，其有些数据涉及国家机密（如研发数据和新产品等），一般都不会披露，所以将该类企业剔除。

（4）剔除关键变量缺失的样本。

通过以上四个步骤，最终确定 23 家高端装备制造业国有企业作为研究对象，这 23 家高端装备制造业企业的股票代码和公司名称见表 7 - 1。

---

* 本章主要内容为项目的阶段性研究成果，已公开发表，论文信息：徐丹丹，曾章备，董莹．基于效率评价视角的国有企业分类改革实现路径研究——以高端装备制造业为例［J］．中国软科学（CSSCI），2017（7）：182 - 192。发表论文对 38 家高端装备制造业企业 2013—2015 年进行了分析，因为受制于数据，选取了 23 家装备制造业企业，并对其 2014—2017 年的综合效率进行了分析。

表 7－1　　高端装备制造业上市公司样本企业

序号	证券代码	公司简称	序号	证券代码	公司简称
1	000338	潍柴动力	13	600118	中国卫星
2	000400	许继电气	14	600268	国电南自
3	000425	徐工机械	15	600495	晋西车轴
4	000768	中航飞机	16	600501	航天晨光
5	000837	秦川机床	17	600523	贵航股份
6	000901	航天科技	18	600765	中航重机
7	002013	中航机电	19	600879	航天电子
8	002025	航天电器	20	600990	四创电子
9	002179	中航光电	21	601727	上海电气
10	002204	大连重工	22	601766	中国中车
11	300024	机器人	23	601989	中国重工
12	300034	钢研高纳			

7.2　数据处理

7.2.1　数据来源

本章采用的数据主要来自 Wind 数据库、CSMAR 数据库、上市公司年报以及社会责任报告。其中，财务指标如资产总额、员工人数和营业总成本等主要来自于 Wind 数据库，2014—2016 年专利申请数据来自于 CSMAR 数据库，2017 年专利申请数据来源于国家知识产权局的专利检索系统。为了保证数据的准确无误，本书结合上市公司年报和社会责任报告对专利申请数量进行了比对。上市公司年报和社会责任报告主要来自巨潮资讯网。

7.2.2 指标选取

投入指标与产出变量的选取关系到最终测算结果的准确性与客观性，因此所选择的投入指标与产出指标要求能够充分反映国有上市公司对生产经营的投入与相应业绩，其次还要考虑两者的可获得性，以上即为投入指标与产出指标的选取原则。

前人研究多以资产总额、固定资产总额、员工人数、主营业务成本等作为投入指标，主营业务收入或者净利润等作为产出指标，因此资本投入、劳动投入两大因素可作为投入指标选取的范畴，营业收入和发明专利作为产出的选取范畴。本文在参照前人指标选取情况以及 DEA 模型运用条件的基础上，借鉴第 5 章的指标选取情况。最终确定投入产出指标为 9 个，其中投入指标 4 个，包括资产总额、员工人数、营业总成本和全部高管持股市值；产出指标为 5 个，包括利润总额、营业总收入、每股收益、纳税总额和发明专利。

使用 DEA 分析法处理效率问题时，模型要求所有运算数据必须为非负数，而所选样本中部分国有上市公司存在亏损的现象。因此将指标数据同时加上一个正值，进行“平移”处理，根据相关的 DEA 理论，进行平移处理之后的数据不会影响计量结果。

7.2.3 相关性分析

利用 DEA 效率评价方法测度运营效率，要求产出指标和投入指标之间必须具有因果关系同时必须存在正向相关关系，即投入的增加必然导致产出的增加而不是产出的减少，只有这样才能保证模型估计的准确性。

为此，项目对衡量效率的投入和产出指标进行相关性分析，从而检验指标间的相关程度。在相关性分析的具体操作中，是对 23 家高端装备制造业上市公司 2014—2017 年各个指标的原始数据，取算术平均数后，再进行投入和产出指标间的相关性分析。分析结果见表 7－2。

表 7-2　　投入产出指标相关性分析结果

指标		资产总额	员工总数	营业总成本	全部高管持股市值
利润总额	皮尔逊相关性	0.790**	0.889**	0.952**	0.124
	显著性（双尾）	0.000	0.000	0.000	0.241
	个案数	92	92	92	92
营业总收入	皮尔逊相关性	0.883**	0.942**	1.000**	0.096
	显著性（双尾）	0.000	0.000	0.000	0.361
	个案数	92	92	92	92
纳税总额	皮尔逊相关性	0.848**	0.942**	0.978**	0.071
	显著性（双尾）	0.000	0.000	0.000	0.501
	个案数	92	92	92	92
每股收益	皮尔逊相关性	0.042	0.119	0.127	0.239*
	显著性（双尾）	0.689	0.260	0.229	0.022
	个案数	92	92	92	92
专利数量	皮尔逊相关性	-0.093	-0.071	-0.103	-0.109
	显著性（双尾）	0.378	0.504	0.328	0.299
	个案数	92	92	92	92

注：** 表示置信度（双测）为 0.01 时，相关性显著；* 表示在置信度（双测）为 0.05 时，相关性显著。

7.3　效率测算结果及分析

本书运用 MAXDEA 统计软件，基于 VRS 假设下投入导向模式（因为企业在实际运营中投入比产出更容易实现控制），分别测算 23 家高端装备制造业国有上市公司在经济功能层面的效率值 crste 和 vrste。其中，crste 是 CRS 假设下由 CCR 模型求出的综合效率值（用 TE 表示，也称技术效率值），vrste 为由 BCC 模型求出的纯技术效率值（用 PTE 表示）。之后可根据 SE = TE/PTE，进一步求出各决策单元（DMU）的规模效率，即得到 scale

值。限于篇幅，表7-3提供了23家高端装备制造公司在2014—2017年这4年间效率值的变化情况。

表7-3　基于DEA的23家高端装备制造上市公司2014—2017年综合效率测算结果

DMU	2014	2015	2016	2017
潍柴动力	0.896935	0.941786	0.992583	1
许继电气	1	1	1	1
徐工机械	0.962542	0.889824	0.941605	1
中航飞机	0.961365	0.960554	0.960823	0.969202
秦川机床	0.885368	0.81432	0.8607	0.869904
航天科技	1	1	1	1
中航机电	1	1	1	1
航天电器	1	1	1	1
中航光电	0.960814	1	1	1
大连重工	1	1	1	1
机器人	1	1	1	1
钢研高纳	1	1	1	1
中国卫星	0.981637	0.991292	0.998684	1
国电南自	0.881371	1	1	1
晋西车轴	1	1	1	1
航天晨光	1	0.954944	0.964465	1
贵航股份	1	1	0.987218	1
中航重机	0.984041	0.853182	1	0.946257
航天电子	0.932339	0.987501	0.982255	0.986554
四创电子	1	1	1	1

续表

DMU	2014	2015	2016	2017
上海电气	1	1	1	1
中国中车	1	1	1	1
中国重工	1	1	1	1
均值	0. 975930957	0. 973626217	0. 986449261	0. 990083348

本书选取综合效率（TE）作为衡量 23 家样本企业经济效率指标。根据 DEA 模型，综合效率 = 纯技术效率 × 规模效率，用综合效率指标表示企业在经济功能层面和社会功能层面的效率值，能更好地反映企业的真实效率情况。将 23 家国有上市公司的效率测算结果波动情况按表 7 - 3 中的样本企业排列顺序汇成走势图 7. 1，即横坐标由 DMU1（潍柴动力）、DMU2（许继电气）、……依次排列，纵坐标表示效率值。

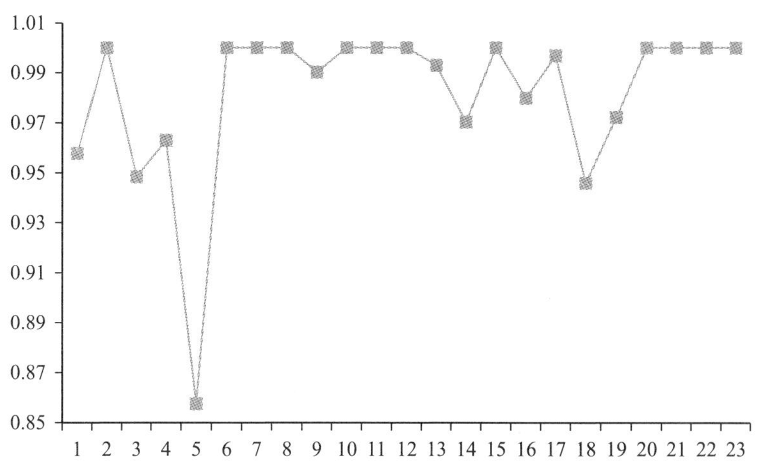

图 7. 1　23 家高端装备制造公司 2014—2017 年样本效率测算结果变化情况

从总体分布来看，高端装备制造业的效率值较高，只有一小部分的效率值低于 0. 95，这说明高端制造业的投入产出分布很合理，已经接近了帕累托最优状态。综合效率反映的是企业的综合运营能力，它包括企业的技术水平、管理水平以及资源的分配能力。有接近一半的企业始终处于 DEA 有效率状态，而其他企业也接近这种状态，企业的技术水平、管理水平以及资源分配能力是科学的、合理的，有效反驳了国有企业无效率的观点。从规模效率来看，综合效率的居高不下说明企业已经达到或者接近了规模效率不变的状态，即规模最优。

从表 7 – 4 和图 7. 2 中处于生产前沿企业数量和比例来看，从 2014—2017 年，位于生产前沿企业数量从 14 家增长到 19 家，占比从 60. 9% 提升到 82. 6% 。2017 年综合效率值均在 0. 85 以上，其中综合效率值位于 0. 94 ~ 1 的企业数量最多，为 22 家，占样本总数的 96% 。综合效率值为 1 的高达 19 家，占全部样本的 82. 6% 。同时从效率平均值来看，2014—2017 年效率值不断提升，从 2014 年的 0. 976 上升到 2017 年的 0. 99。这些数据也说明了所有高端装备制造业样本企业的资源利用率已经达到或者接近最优的状态。

表 7 – 4　　处于生产前沿面的企业数量和比例

年份	2014	2015	2016	2017
企业数	14（0. 609）	15（0. 652）	15（0. 652）	19（0. 826）

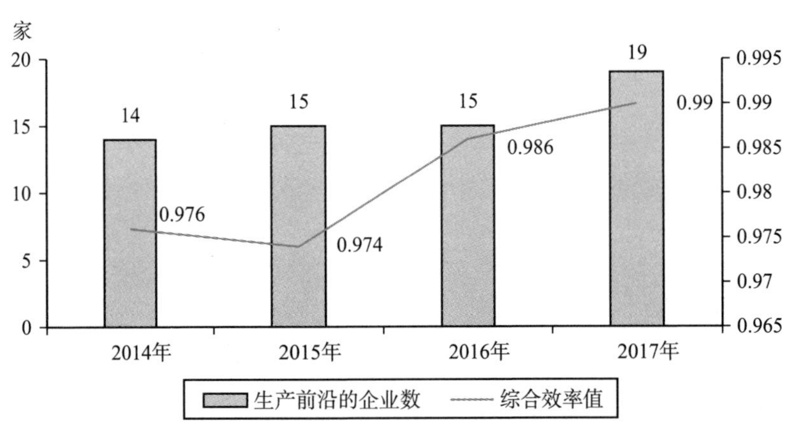

图 7. 2　2014—2017 年位于生产前沿的企业数量和综合效率值

此外，考虑到箱线图（Boxplot）能用最小值、第一四分位数、第二四分位数、第三四分位数和最大值反映数据的分布情况，从而判断数据是否具有对称性以及数据之间的分布差异。将效率值箱线图画在坐标上，从而得到如图 7. 2 所示的箱线图。其中，第一四分位数与第三四分位数之间的差距称为四分位间距（Interquartile Range，IQR）。

根据图 7.3，经济效率的四分位间距框很窄，说明所研究的 23 家高端装备制造业上市公司的效率测算结果很好，效率很集中。同时，箱线图中还显示个别样本对数据分布的中心位置偏离度较大，经济效率偏离度大的样本为 DMU5（中航飞机）。

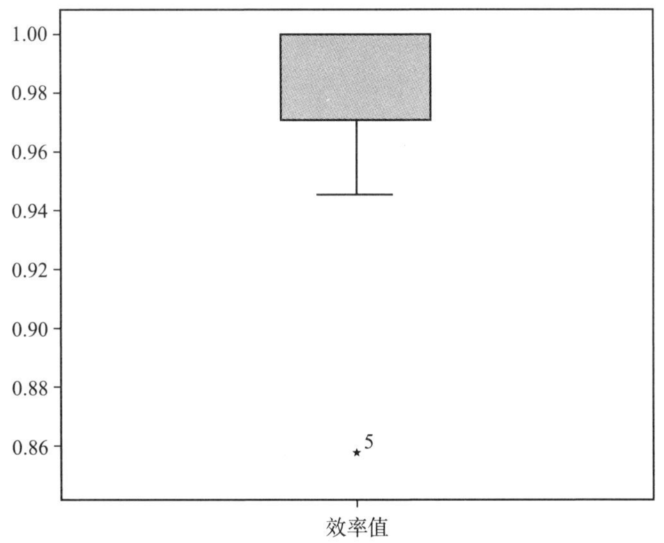

图 7.3　经济效率测算结果箱线

7.4　本章小结

7.4.1　验证了指标体系设计与实证分析模型的契合度和有效性

本章首先通过 3 个样本筛选步骤，从众多的样本中选出了典型的 23 家高端装备制造业样本企业。其次对所选指标的数据来源进行说明和描述性统计分析，并对原始数据进行了标准化处理以满足 DEA 模型计算分析的需要。同时，本章对投入和产出指标之间相关性进行检验，结果显示效率的投入产出指标之间多数呈正相关关系，验证了项目指标体系设计与实证分析模型的契合度和有效性，进而可认为项目的评价指标体系是较为合理的。

7.4.2 高端装备制造业国有资本的效率已经达到或接近最优状态

本章利用23家高端装备制造业的国有上市公司的数据和DEA分析发现：从总体分布来看，高端装备制造业的效率值较高，以2017年为例，综合效率值均在0.85以上，23家企业中22家企业综合效率值位于0.94～1，而综合效率值为1的19家企业，占样本总数的82.6%。这些数据说明了高端装备制造业样本企业的资源利用率已经达到或者接近最优的状态。同时利用箱线图发现综合效率的四分位间距框很窄，说明高端装备制造业上市公司的效率测算结果很好，效率很集中。综合效率反映企业的综合运营能力，它包括企业的技术水平、管理水平以及资源的分配能力。超过一半的企业始终处于DEA有效率状态，而其他企业也接近这种状态，企业的技术水平、管理水平以及资源分配能力是科学的、合理的，有效反驳了国有资本无效率的观点。这意味着高端装备制造业领域国有资本的运营效率较高，已经达到或接近资源配置最优的状态。

第 8 章　国有资本创新效率研究——以高技术产业为例*

8.1　研究基础

一定时期内技术创新主体的资源配置能力和创新能力是高度相关的，因此创新效率问题一直是技术创新过程中被关注的问题。据统计，2012 年全国范围内有 R&D 活动的规模以上高技术企业共有 8498 家，其中国有及国有控股企业共 945 家，占比 11.12%，其 R&D 人员数量占全国高技术企业 R&D 人员总量的 25.25%，R&D 经费支出也达到总支出的 31.15%，但根据创新产出数据，国有及国有控股企业新产品销售收入仅占比 18.76%，专利申请数量所占比例仅达到 23.46%。可见，高技术产业中国有及国有控股企业的创新投入比重要高于创新产出。那么，一个较为直接的问题就是：在国有及国有控股企业高技术创新过程中，创新产出相对于投入的效率如何？是否存在创新效率损失？同时，我国地域广阔造成国有及国有控股企业在各省分布不均，各省经济与技术水平发展不均衡也导致区域内国有及国有控股企业创新资源配置存在较大差异，那么如何比较不同省份高技术产业中国有及国有控股企业的创新效率及其影响因素？

关于创新效率的研究，按照研究对象不同可划分为企业技术创新效率和区域技术创新效率两类，同时在衡量效率高低时，已有成果所采用的方法也有所不同。李红锦和李胜会（2013）利用 SFA 模型测算 LED 企业的技术创

---

* 本章内容为项目的阶段性研究成果，已经公开发表，论文信息：徐丹丹，孙梦超．高技术产业中国有及国有控股企业创新效率研究［J］. 内蒙古财经大学学报，2015（8）：29 - 35。与公开发表论文不同的是，论文使用数据是 2009—2012 年中国高技术产业国有及国有控股企业省际面板数据，本书对数据进行了更新，使用了 2013—2016 年中国高技术产业国有及国有控股企业省际面板数据。

新效率，研究发现 LED 企业创新投入不足导致 LED 产业整体创新效率低下；刘志迎等（2013）基于 DEA 模型对中国工业企业技术整体及分组创新效率进行测度，发现中国工业企业技术创新效率整体水平不高，且多数企业所在行业技术创新活动处于规模报酬递减的态势。类似研究结论还有魏芳和赵玉林（2008）、熊飞等（2012）和赵树宽（2013）等。童纪新（2011）对江苏省 13 个地级市科技创新效率进行了灰色关联分析，王锐淇（2010）综合运用 SFA 模型和 Malmquist 指数法测算了全国 30 个省区市技术创新效率，并探讨其影响因素。更多的学者使用改进后的 DEA 模型分析研究区域创新效率，例如杨志江和罗掌华（2012）等将技术创新过程看作技术开发和技术成果转化两个阶段，运用两阶段 DEA 模型对我国省际高技术产业创新效率进行评价；刘志迎和张吉坤（2013）、刘川（2012）和罗彦如等（2010）使用三阶段 DEA 模型对不同省份高技术产业创新效率进行了差异比较。而对于国有及国有控股企业创新效率的研究，已有的文献认为国有企业的资源配置不均，创新效率低于其他类型企业。俞立平（2007）通过对中国不同类型工业企业创新效率的研究发现，国有企业创新投入浪费较大，纯技术效率和规模效率均低于其他类型企业。程正中（2008）、刘志迎等（2013）对高技术产业中三资企业和国有企业的创新效率进行了测算与比较，认为国有企业的投入产出效率要低于三资企业，并进一步指出：若剔除外部环境变量的影响，三资企业和国有企业创新效率差距主要来自规模效率，两者纯技术效率基本无差异。

综上所述，现有文献使用 SFA、DEA 等参数或非参数分析法对企业和区域技术创新效率进行衡量，并据此提出改进建议。但对国有企业创新效率的衡量较少使用此类方法，同时，由于国有及国有控股企业受行政干预程度较大，使得国有及国有控股企业创新过程中不能简单地套用借鉴现有研究结论，而且对国有企业高技术创新效率区域差异研究的成果也不多见。基于以上分析，本书基于 2013—2016 年全国 27 个省区市国有及国有控股企业高技术投入产出数据，运用投入导向的 BCC 模型，以高技术产业中国有及国有控股企业的企业数量、人力投入和资本投入为投入指标，专利数量及新产品销售收入为产出指标来测算 2013—2016 年国有及国有控股企业高技术创新综合效率值，衡量国有及国有控股企业高技术创新效率，并进一步从纯技术效率和规模效率两个方面探讨创新综合效率的主要影响因素，继而提出相应的改进建议。

8.2　数据和指标

本书在已有文献的基础上采用 R&D 经费内部支出和新产品开发经费支出作为经费投入指标，R&D 人员折合全时当量作为人力投入指标，另外还选取有 R&D 活动的企业数作为一项创新投入指标，创新产出则分为新产品产出和专利产出两项，具体指标见表 8 -1。

表 8 -1　　高技术产业中国有及国有控股企业创新效率评价指标

一级	二级	三级
创新投入	经费投入	R&D 经费内部支出
		新产品开发经费支出
	人力投入	R&D 人员折合全时当量
	企业数量	有 R&D 活动的企业数
创新产出	新产品产出	新产品开发项目数
		新产品销售收入
	专利产出	有效发明专利数量

本书所使用的样本数据为 2013—2016 年中国高技术产业国有及国有控股企业省际面板数据，所有原始数据均来源于 2014—2017 年《中国高技术产业统计年鉴》。同时，还使用了东部、中部、西部、东北地区以及全国总量五组数据作为对比。

8.3　创新效率值的测算

基于 VRS 假设下投入导向模式，利用 Deap 2.1 软件包测算 2013—2016 年 27 个省区市、四大区域和全国的高技术产业中国有及国有控股企业创新综合效率值，并将之分解为纯技术效率与规模效率。同时，本书还测算 2013—2016 年四年间创新效率平均值，用作比较分析。测算结果见表 8 -2。

表 8-2　　高技术产业中国有及国有控股企业创新效率测算结果

省域	2013 年			2014 年			2015 年			2016 年			平均值		
	crste	vrste	scale	crste	vrste	scale	crste	vrste	scale	crste	vrste	scale	crste	vrste	scale
北京	1.000	1.000	1.000	0.915	0.948	0.965	1.000	1.000	1.000	0.932	1.000	0.932	0.962	0.987	0.974
天津	1.000	1.000	1.000	1.000	1.000	1.000	0.589	0.660	0.891	1.000	1.000	1.000	0.897	0.915	0.973
河北	0.844	0.879	0.960	0.747	0.768	0.973	0.681	0.689	0.989	0.645	0.672	0.960	0.729	0.752	0.971
山西	0.824	0.869	0.948	1.000	1.000	1.000	0.800	0.955	0.838	0.790	0.790	1.000	0.854	0.904	0.947
内蒙古	0.713	1.000	0.713	0.509	1.000	0.509	0.955	1.000	0.955	0.956	1.000	0.956	0.783	1.000	0.783
辽宁	0.645	0.713	0.904	0.767	0.784	0.979	0.865	0.912	0.949	1.000	1.000	1.000	0.819	0.852	0.958
吉林	0.763	0.799	0.955	1.000	1.000	1.000	1.000	1.000	1.000	1.000	1.000	1.000	0.941	0.950	0.989
黑龙江	0.418	0.628	0.665	0.551	0.728	0.757	1.000	1.000	1.000	0.685	0.801	0.856	0.664	0.789	0.820
上海	0.506	0.536	0.945	0.692	0.721	0.959	0.727	0.732	0.993	0.784	0.825	0.951	0.677	0.704	0.962
江苏	0.750	0.851	0.881	0.946	1.000	0.946	1.000	1.000	1.000	0.885	1.000	0.885	0.895	0.963	0.928
浙江	0.778	0.780	0.998	1.000	1.000	1.000	1.000	1.000	1.000	0.857	0.947	0.905	0.909	0.932	0.976
安徽	1.000	1.000	1.000	1.000	1.000	1.000	1.000	1.000	1.000	1.000	1.000	1.000	1.000	1.000	1.000
福建	0.848	0.863	0.983	0.612	0.629	0.973	0.503	0.537	0.936	0.514	0.542	0.948	0.619	0.643	0.960
江西	0.818	0.846	0.967	0.512	0.565	0.907	1.000	1.000	1.000	1.000	1.000	1.000	0.833	0.853	0.969
山东	1.000	1.000	1.000	1.000	1.000	1.000	1.000	1.000	1.000	1.000	1.000	1.000	1.000	1.000	1.000
河南	0.718	0.729	0.985	0.681	0.687	0.990	0.668	0.677	0.986	0.747	0.781	0.956	0.704	0.719	0.979
湖北	0.482	0.487	0.989	0.414	0.425	0.975	0.557	0.565	0.987	0.581	0.587	0.990	0.509	0.516	0.985
湖南	0.581	0.581	1.000	0.676	0.696	0.972	0.653	0.655	0.996	0.493	0.521	0.947	0.601	0.613	0.979
广东	1.000	1.000	1.000	1.000	1.000	1.000	1.000	1.000	1.000	1.000	1.000	1.000	1.000	1.000	1.000
广西	1.000	1.000	1.000	0.662	0.904	0.732	1.000	1.000	1.000	1.000	1.000	1.000	0.916	0.976	0.933
重庆	1.000	1.000	1.000	0.954	0.975	0.979	1.000	1.000	1.000	1.000	1.000	1.000	0.989	0.994	0.995
四川	1.000	1.000	1.000	1.000	1.000	1.000	1.000	1.000	1.000	0.779	0.863	0.902	0.945	0.966	0.976

续表

省域	2013 年			2014 年			2015 年			2016 年			平均值		
	crste	vrste	scale	crste	vrste	scale	crste	vrste	scale	crste	vrste	scale	crste	vrste	scale
贵州	0.563	0.566	0.994	0.578	0.590	0.979	1.000	1.000	1.000	1.000	1.000	1.000	0.785	0.789	0.993
云南	1.000	1.000	1.000	1.000	1.000	1.000	1.000	1.000	1.000	1.000	1.000	1.000	1.000	1.000	1.000
陕西	0.440	0.441	0.998	0.429	0.438	0.979	0.391	0.393	0.995	0.419	0.421	0.995	0.420	0.423	0.992
甘肃	0.471	0.728	0.647	0.476	0.759	0.627	0.895	1.000	0.895	0.839	1.000	0.839	0.670	0.872	0.752
新疆	0.737	1.000	0.737	0.542	1.000	0.542	0.714	1.000	0.714	1.000	1.000	1.000	0.748	1.000	0.748
东北地区	0.497	0.498	0.997	0.515	0.526	0.981	0.815	0.816	0.998	0.739	0.743	0.995	0.642	0.646	0.993
东部地区	0.808	1.000	0.808	0.771	1.000	0.771	0.880	1.000	0.880	0.831	1.000	0.831	0.823	1.000	0.823
中部地区	0.609	0.659	0.924	0.525	0.560	0.938	0.615	0.700	0.879	0.642	0.775	0.829	0.598	0.674	0.893
西部地区	0.696	1.000	0.696	0.677	1.000	0.677	0.678	0.890	0.762	0.596	0.781	0.762	0.662	0.918	0.724
全国	0.718	1.000	0.718	0.655	1.000	0.655	0.788	1.000	0.788	0.734	1.000	0.734	0.724	1.000	0.724

8.4 测算结果分析

8.4.1 全国高技术产业中国有及国有控股企业创新效率分析

对全国高技术产业国有及国有控股企业创新活动的效率进行了测算，VRS 假设下的测算结果见 8.3 中的表 8－2，分析如下所述。

1. 全国整体效率水平较低并且改善不明显

在表 8－2 中，2013 年全国高技术产业国有及国有控股企业的综合效率值为 0.718，而 2014—2016 年的综合效率值分别为 0.655、0.788、0.734，综合效率值一直处于 0.8 以下，整体水平较低，2015—2016 年虽然略有提升，但改善不明显。另外国有及国有控股企业的创新综合效率平均值为 0.724，仍有 27.6% 的效率改善空间。如图 8.1 所示，2013 年和 2014 年综合效率线均位于平均值线下方，2015 年综合效率值稍有好转，2016 年基本与平均线持平，但仍有很大的上升空间。

整体来讲，全国高技术产业国有及国有控股企业的综合效率水平较低，虽然有所改善，仍有较大的效率改进空间。

2. 规模效率 DEA 无效，综合效率 DEA 相对有效

如图 8.1 所示，2013—2016 年全国国有及国有控股企业高技术创新活动的纯技术效率值（vrste）均等于 1，纯技术效率线为一条水平线，这意味着纯技术效率 DEA 有效。但观察发现，同期高技术创新规模效率值（scale）小于 1，规模效率线位于纯技术效率线下方，表明规模效率处于 DEA 无效状态，由此导致纯技术效率与规模效率的乘积——综合效率值（crste）小于 1，综合效率线与规模效率线完全重合，因此 2013—2016 年全国高技术产业中国有及国有控股企业创新效率均处于 DEA 相对有效状态。

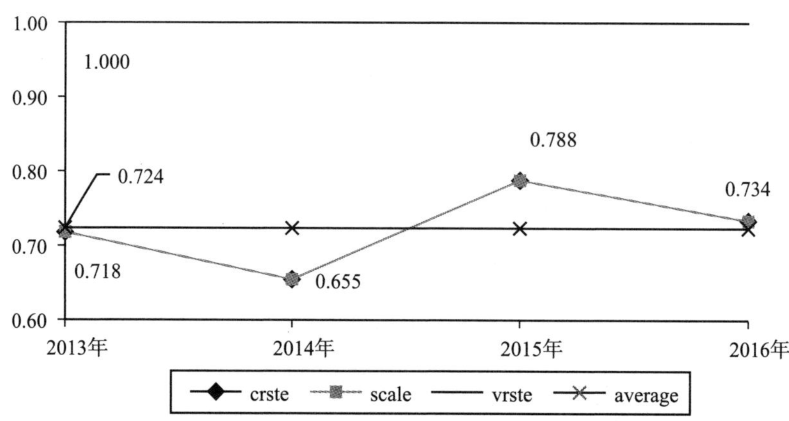

图 8.1　2013—2016 年全国高技术产业国有及国有控股企业综合效率走势

8.4.2　四大区域高技术产业中国有及国有控股企业创新效率分析

通过测算四大区域高技术产业中国有及国有控股企业的创新效率，得到如表 8-2 所示测算结果，分析如下所述。

1. 中部地区与西部地区：综合效率、纯技术效率和规模效率均处于 DEA 无效

2013—2016 年中部地区和西部地区的高技术产业国有及国有控股企业创新活动均处于 DEA 无效状态。中部地区 2013—2016 年综合效率值分别为 0.609、0.525、0.615、0.642，平均值为 0.598，比全国平均效率值低 12.6 个百分点，距达到有效状态仍有 40.2% 的效率空间。西部地区 2013—2016 年综合效率值分别为 0.696、0.677、0.678、0.596，平均值为 0.662，比全国平均效率值低 6.2 个百分点，距达到有效状态仍有 33.8% 的效率空间。

造成中部地区和西部地区 DEA 无效的原因是不同的。中部地区国有及国有控股企业纯技术效率值在四年中始终处于较低水平，分别为 0.659、0.560、0.700 和 0.775，而同期规模效率值分别为 0.924、0.938、0.879 和 0.829，因此导致中部地区高技术产业中国有及国有控股企业的创新投入一直处于 DEA 无效状态。西部地区国有及国有控股企业规模效率值在 4 年中始终处于较低水平，分别为 0.696、0.677、0.762 和 0.762，而同期纯技术效率值分别为 1.000、1.000、0.890 和 0.781，因此导致西部地区高技术产业中国有及国有控股企业的创新投入一直处于 DEA 无效状态。

虽然中部与西部地区均处于 DEA 无效状态，但从趋势图 8.2 明显看出，中部与西部地区的创新效率的发展趋势存在显著差别：中部地区 2013—2016 年企业创新的综合效率值分别为 0.609、0.525、0.615 和 0.642，2015 年和 2016 年相较前两年有小幅提升。西部地区 2013—2016 年企业创新的综合效率值分别为 0.696、0.677、0.678 和 0.596，呈逐步下降趋势。在 2016 年中部地区的综合效率值超过了西部地区。

2. 东部地区：综合效率处于 DEA 相对有效而规模效率无效

2013—2016 年东部地区的高技术产业中国有及国有控股企业的创新活动处于 DEA 相对有效状态，即纯技术效率（vrste）等于 1，而规模效率（scale）小于 1，使得综合效率值（crste）小于 1，国有及国有控股企业高技术创新处于 DEA 相对有效状态。

2013—2016 年企业创新的综合效率值分别为 0.808、0.771、0.880 和 0.831，除了 2014 年，东部地区高技术产业国有企业创新效率值稳定为 0.8 ~ 0.9，创新效率相对较高，创新水平相对稳定。

3. 东北地区：综合效率DEA相对有效而纯技术效率无效

如图8.2所示，2013年和2014年东北三省国有及国有控股企业高技术产业创新综合效率分别为0.497、0.515，处于非常低的水平。而2015年和2016年创新综合效率分别为0.815和0.739，创新效率涨幅较大。但2013—2016年四年间东北地区国有及国有控股企业创新效率平均值为0.642，高技术产业创新处于低效率状态。

同时由表8-2可知，2013—2016年东北地区高技术产业国有及国有控股企业创新的规模效率分别为0.997、0.981、0.998和0.995，均接近于1，规模效率可近似视为有效。可见，在规模效率近似有效的前提下，纯技术效率的无效性导致东北地区国有及国有控股企业高技术创新活动效率产生损失，但损失有所改善。

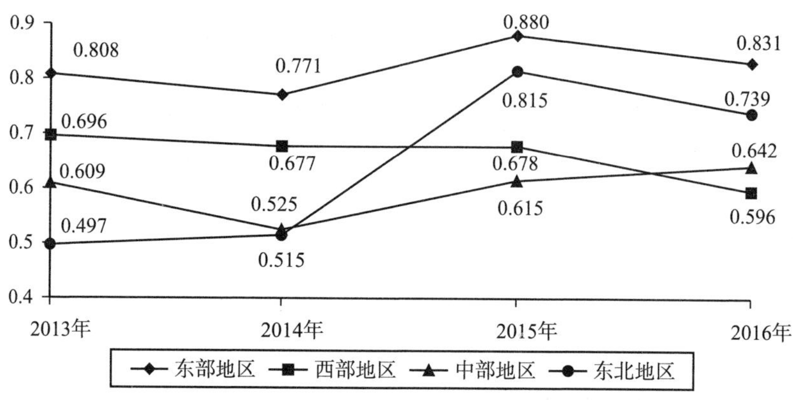

图8.2 2013—2016年各地区高技术产业中国有及国有控股企业综合效率走势

8.4.3 省际高技术产业中国有及国有控股企业创新效率分析

1. DEA无效率省份数量具有减少趋势

统计发现，2013年高技术产业中国有及国有控股企业创新活动处于DEA有效状态的共有北京、天津、安徽、山东、广东等9个，而处于DEA相对有效状态的省份仅内蒙古、江苏、浙江等6个，其余12个均处于DEA无效状态；而后，2014—2016年3年间高技术产业创新达到DEA有效状态的分别有9个、14个、12个，而处于DEA无效状态的则分别有14个、7个和 9 个。在 2013—2016 年的四年时间中，后两年相较于前两年 DEA 无效的省份数量有明显的下降，DEA 有效的省份数量有明显提升，具体如图 8.3 所示。

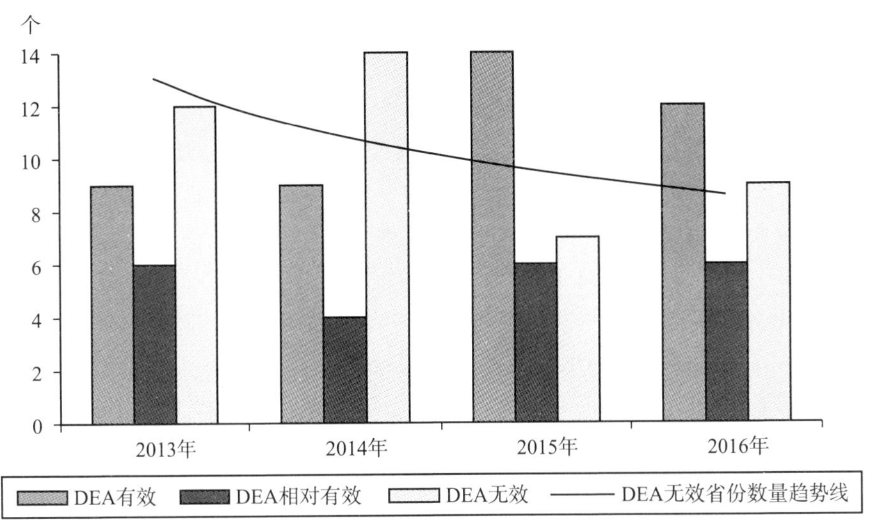

图 8.3　2013—2016 年不同 DEA 效率状态的省份柱状图及 DEA 无效省份趋势线

2. 绝大多数的省份处于非 DEA 有效状态

从 4 年平均数据来看，全国 27 个省区市中国有及国有控股企业的高技术产业创新活动处于 DEA 有效状态的有安徽、山东、广东和云南 4 个省份，剩余 23 个则处于非 DEA 有效状态（包括处于 DEA 相对有效的 5 个和 DEA 无效的 18 个），占总数的 85%。

达到 DEA 有效状态的安徽等 4 个省份，其创新综合效率值、纯技术效率值和规模效率值均分别为 1.000。虽然它们处于经济水平各异的地区，但对其而言，创新人员、资金等指标的实际投入数量符合效率最优比例，因此经济发展水平并未对国有及国有控股企业的高技术创新产生负面影响。

处于 DEA 相对有效状态的分别是规模效率有效而纯技术效率无效的重庆、贵州和陕西 3 个省市以及纯技术效率有效而规模效率无效的内蒙古和新疆。重庆、贵州和陕西的规模效率值分别为 0.995、0.993 和 0.992，均大于 0.99，效率值可近似看作为有效，而这 3 个省市纯技术效率值分别为 0.994、0.789 和 0.423，由于贵州和陕西的纯技术效率值远小于 1，导致纯技术效率和规模效率的乘积即综合效率小于1.0而处于DEA相对有效状态；同理，内蒙古和新疆的国有及国有控股企业高技术创新活动纯技术效率值为1.0，而规模效率分别为0.783和0.748，使得综合效率值小于1.0，创新活动同样为DEA相对有效状态。

对于国有及国有控股企业高技术创新处于DEA无效状态的省区市中，有5个综合效率值高于0.9，如北京（0.962）、吉林（0.941）、浙江（0.909）、广西（0.916）和四川（0.945），接近于DEA有效，提升空间较小。剩余的13个DEA无效，综合效率值位于0.7以下的有黑龙江（0.664）、上海（0.677）、福建（0.619）、湖北（0.509）、湖南（0.601）和甘肃（0.670），约占全国省份总数的五分之一，其余7个的综合效率值位于0.7~0.9。可见，这18个省区市的国有及国有控股企业高技术产业创新效率仍存在不同幅度的提升空间，其中大多数提升空间较大。从纯技术效率和规模效率两方面对DEA无效的国有及国有控股企业高技术创新效率进行具体分析可知，它们的纯技术效率值相对较大，而规模效率则表现较好，除了黑龙江和甘肃，都在0.9以上，这表明虽然纯技术效率与规模效率同时导致国有及国有控股企业创新效率低下、DEA无效率，但主要影响因素是各省区市高技术创新活动的纯技术效率较低。

8.5 本章小结

通过对高技术产业中国有及国有控股企业创新效率测算结果的比较分析，可以得出以下结论。

8.5.1 规模效率损失是高技术产业国有资本创新效率低下的主要原因

不管是从历年年度数据还是从年度平均数据来看，全国国有及国有控股企业高技术创新持续保持低水平，效率改进空间较大，这一分析结果也再次佐证了刘志迎和张吉坤等学者基于全国数据的分析结论，同时分析表明2013—2016年高技术产业中国有及国有控股企业的创新效率整体偏低，主要由高技术产业创新活动的规模效率损失较大所引起的。规模效率是在创新技术一定的条件下，衡量企业创新资源投入与产出是否合理的重要指标。规模效率较低意味着企业资源配置失衡、创新投入过多，由此导致创新过程中产生冗余而使得创新产出与投入不相匹配。在全国创新效率的测算结果中，纯技术效率值连续四年保持为 1.000，而同期规模效率值则小于 1，显然可以得出综合效率受到规模效率损失影响的结论。

8.5.2　影响四大区域的高技术产业国有资本创新效率损失的因素不同

第一，中部地区以上国有及国有控股企业的高技术活动不管从纯技术效率还是从规模效率来讲，创新效率均损失较为严重，仍保持有 30% 的效率提升空间，而纯技术效率与规模效率对综合效率的影响并未产生主要与次要之分，因此可以推论中部地区国有及国有控股企业高技术创新活动的 DEA 无效率是同时受到纯技术效率与规模效率的影响所形成的，而非仅受其中一方面影响的结果。

第二，从平均值来看，西部地区的高技术产业中国有及国有控股企业创新活动处于 DEA 无效状态，影响创新效率的因素是规模效率。

第三，对于东部地区来讲，创新活动综合效率的低水平主要是由于创新投入规模要大于理论值而形成冗余所导致的，但是东部地区的综合创新效率依然是全国最高的，且波动较小。

第四，东北地区的高技术产业中国有及国有控股企业创新活动处于 DEA 相对有效状态，与东部地区不同的是，影响创新效率的因素是纯技术效率而非规模效率。

8.5.3　纯技术效率是影响国有资本创新活动的主要原因

从以上分析来看，处于 DEA 相对有效状态的重庆和处于 DEA 无效状态的北京、吉林、浙江、广西和四川的国有及国有控股企业高技术创新活动的规模效率接近于 1.0，可视为 DEA 有效。处于 DEA 相对有效状态的贵州、陕西和处于 DEA 无效状态的其他 13 个省区市，纯技术效率值远小于有效状态值，因此纯技术效率损失成为这些省区市创新综合效率低下的主要影响因素。仅有内蒙古和新疆的创新综合效率受制于规模经济。

处于 DEA 无效状态的 16 个省区市中，虽然纯技术效率和规模效率均未达到 DEA 有效，但是两者相比较发现，规模效率值基本位于 0.9 以上，要远高于纯技术效率值，综合效率值的变动总是与纯技术效率的变动相同步，所以推论纯技术效率和规模效率的同时损失是造成国有及国有控股企业高技术创新 DEA 无效率的原因，但规模效率对综合效率的影响较小，因此纯技术效率损失制约着创新综合效率的提高，已成为国有企业高技术产业创新低效率的主要原因。

第9章　混合所有制背景下国有资本运营效率优化研究

9.1　优化国有资本的行业布局

十八届三中全会明确了国有资本战略布局的调整方向，要求国有资本“更多投向关系国家安全、国民经济命脉的重要行业和关键领域”，在公共服务提供、引导战略性产业发展、推动科技进步和创新等方面发挥更大的作用，进而提升国有资本的影响力和控制力。然而国有资本的宏观布局仍存在诸多问题：第一，国有资本广泛分布在竞争性领域，行业分布分散。40%左右的国有资本集中于一般加工工业和商贸服务业，偏离了对国有资本重点布局“关系国家安全、国民经济命脉的重要行业和关键领域”的功能定位。第二，垄断领域国有资本仍保持着极强的控制力，部分竞争性环节非国有资本进入困难，存在大量的显性或隐形市场壁垒。虽然垄断领域启动了改革，然而国有资本在煤炭、电力、石油、石化、天然气等工业领域以及电信、铁路、民航、金融等服务业领域高度垄断。长期以来国有资本在石油天然气勘探开发领域占据主导地位，1999年占行业收入的比重为99%，2014年仍然高达87%，国有资本的控制力极强。垄断领域的行政垄断制约着国有资本的战略性调整，非国有资本的市场准入门槛较高。第三，公共服务领域国有资本进入严重不足，未能充分发挥产业领导的作用。在义务教育、基础科学技术研究、公共卫生等领域国有资本占比较低，投入严重不足。另外国有资本在引领新型产业发展方面乏力。2014年国有企业创业板上市公司的总资产仅为190亿元左右，占创业板上市企业总资产的比重仅为3.19%，这意味着战略性新型领域国有资本力量薄弱，未能充分发挥产业引导的功能，因此，应优化国有资本的行业布局，提升国有资本的影响力与控制力。

9.1.1 建立战略布局动态调整机制

哪些行业属于关系国家安全和经济命脉的重要行业？哪些行业关乎“保障民生、服务社会、提供公共产品和服务”？国家当前对国有资本需要重点布局行业和领域缺乏明确的定义，因而在实际操作中国有企业难以确定自己是否属于重点布局领域，从而不利于国有资本的行业布局优化。因此对于“关系国家安全和经济命脉的重要行业和关键领域”，有必要出台细分的产业目录，指导国有资本战略调整。国有资本的优化布局不仅会受到产业发展的影响，同时也与国家宏观调控手段息息相关，有必要建立国有资本战略布局动态调整机制，每隔 3 ~5 年更新国有资本重点投资的行业清单，完善国有资本退出机制，引导国有资本向重点基础设施、前瞻性战略性产业等集中。因此，应当定期出台细分的产业目录，建立战略布局动态调整机制。

9.1.2 竞争性领域发挥市场的决定性作用

一方面，国有资本应该逐步退出竞争性行业，包括纺织业、食品加工、餐饮业、物流业、房地产业、家电业、建材装饰等，国有资本需要逐步降低这些领域的持股比例，提升国有资本的活力和效率。国有资本退出竞争性领域，一是因为与其他竞争性企业相比，国有企业在竞争性领域的效率相对较低，同时国有资本在竞争性领域的大量进驻不利于市场在资源配置方面发挥基础和决定性作用；二是因为国有资本在竞争性领域分散分布意味着国有资本投入重要行业和关键领域的比重会大幅度减少，国有资本的控制力和影响力也会被大幅度削弱。另一方面，国有资本逐步退出竞争性领域并不意味着完全退出竞争性领域，而是通过市场化改革将商业性国有企业打造成为真正的市场主体，与其他竞争性企业公平参与市场竞争。一是可以运用整体上市等方式推行股权多元化改革，引入其他非国有资本作为战略投资者或财务投资者；二是以混合所有制改革为契机完善企业治理结构，国有资本监管机构——国资委以国有资本投资运营公司为载体行使出资人的权利，不再干预国有企业的日常生产经营活动，借此建立市场化的经营管理机制，改革经营管理者的选聘任用、薪酬管理等制度，使竞争性国有企业成为真正的市场主体。

9.1.3　拆分垄断行业的竞争性环节并引入非国有资本

能源（比如国家电网、石化天然气、可再生能源等）、电信、铁路以及金融等行业，这些领域属于关系国家经济命脉的重要行业，应该清晰合理划分这些行业的垄断性环节和竞争性环节。对于关系国家安全和经济命脉的垄断性环节，应该坚持国有独资或控股地位，提升国有资本的影响力和控制力；而对于竞争性环节，应该坚持市场化的原则，通过特许经营或混合所有制改革引入非国有资本，降低非国有资本的准入门槛，简化审批程序，从而提升经济运行效率。

以石油天然气行业为例，对于自然垄断环节的管网国有资本应该坚持国有独资或绝对控股；而针对原有、成品油和天然气的进口环节、油气资源勘探开发环节以及中下游的加工销售环节，国家应该加快对社会资本开放，通过特许经营或推动混合所有制改革引入非国有资本，建立公平竞争的市场环境，提升服务效率。

同样地，对于网络环节的垄断，应该区分全国性网络和区域性网络。对于全国性网络（例如国家电网、铁路主干网络、电信网等），应坚持国有资本控股经营；而对于区域性网络，例如城市供水供热供气、铁路支线、城市轨道交通等，可以引入非国有资本，降低准入门槛。

9.1.4　基础性、战略性、前瞻性的行业回归公益性

对于义务教育、基本医疗服务、养老服务、国防军工、战略物资储备、公益性基础研发等公益性领域，国有资本应该加大投入，在提供公共服务和提升公共服务质量方面发挥更大的作用，从而增进社会的整体福利。同时引领前瞻性产业的发展，引导国有资本在推动国家科技进步、保护生态环境等领域发挥主导作用。一方面需要在增量上不断增加国有资本在提供公共产品和服务行业的投入；另一方面可以通过特许经营、政府购买等方式鼓励民营资本和外资参与企业运营。从经营方式上来看，公益性国有企业属于特殊法人，需要设立专门的法规严格规范其行为，限定企业的主业，以公益性为主。

我国需要进一步优化国有资本的行业布局，国有资本应该投入到哪些行业领域，不仅要从利润最大化的角度出发激发国有资本活力和提升国有资本

的盈利能力，更重要的是配合国家宏观调控的产业政策和战略布局，优化国有资本的宏观行业布局，从而提升国有资本的影响力和控制力。一方面要加快从竞争性行业退出，降低非国有资本在竞争性领域的分竞争性和垄断性环节，在竞争性环节引入非国有资本；另一方面提升国有资本在公共基础领域、战略性行业和前瞻性新兴产业的布局。

9.2 调整国有资本的微观产权布局

本书以总资产收益率作为国有企业运营效率的代理指标，以国有股比例和国有股比例的平方为核心控制变量，通过构建面板固定效应模型研究国有股权与国有企业运营效率之间的内在关系，并对不同行业进行比较分析，得出以下结论：国有股比例与企业运营效率之间存在倒U型关系，当国有股比例较低时，随着国有股比例的增加，企业运营效率随之提升，说明国有股比例的增加对企业运营效率具有正向影响。然而当国有股比例增大到一个临界值时，国有股比例与企业运营效率的关系出现了转折，之后随着国有股比例的增加企业运营效率会逐渐下降。这意味着存在最优的国有股权比例区间，可以使得国有资本运营效率最高。国有股权比例不宜过高，过高的国有股权比例会带来运营效率的降低，这为混合所有制改革提供了现实依据。同时值得注意的是，不同行业国有股比例与企业运营效率之间的关系存在显著的差异，从国有股集中度视角对国有资本运营效率的研究发现国有股集中度对国有资本运营效率的影响存在着明显的行业差异，意味着混合所有制改革优化股权结构和调整国有股比例时应考虑行业差异。分行业研究中，只有制造业，批发和零售业，水利、环境和公共设施管理业，采矿业这四个行业国有股权集中度与国有资本运营效率之间呈现明显的倒U型关系，其他行业没有发现国有股权集中度与国有资本运营效率之间的线性和二次关系。这四个行业最优国有股比例分别为55.25%、47.40%、52.78%、66.77%，其中批发和零售业最低，这意味着国有资本应加速从竞争性领域退出。有必要深化混合所有制改革，调整优化国有股比例，从而优化国有资本的微观产权布局，提升国有资本的活力。

9.2.1 优化调整国有股比例

混合所有制改革伴随着国有企业改革经历了不同的阶段，从“放权让利”“国资管理”到当前的“分类改革”阶段，当前混合所有制改革是基于国企分类改革基础上的股权多元化改革，因此应根据不同企业功能分类，逐步调整国有股比例，对于商业类、公益类国企区分对待，在商业类国企中区分竞争性领域与关系国家安全和经济命脉的领域区别对待。结合国家对混合所有制改革和国有企业分类改革的要求，应将国有企业按类型不同分为处于竞争领域的商业类国有企业、处于重要行业和关键领域的国有企业以及公益类国有企业，分类推进混合所有制改革，见表9-1。

表9-1　　　　分类推进混合所有制改革

类型	具体行业领域	改革路径
处于竞争领域的商业类国有企业	种植养殖、建筑业、冶金、汽车、机械制造、房地产、餐饮、旅游等	通过上市等实现股权多元化，国有资本加快退出，降低控股程度，非国有资本可以控股
处于重要行业和关键领域的商业类国有企业	能源（石油天然气、电力等）、通信、航空、金融、铁路等	保持国有资本控股，允许非国有资本参股
公益类国有企业	国防军工、义务教育、基本医疗服务、养老服务、基础研发等	通过购买服务、特许经营、委托代理等方式，允许非国有资本参与

对于处于竞争性领域的商业类国有企业而言，过高的国有股权占比对企业运营效率的提高不利，这一点在第6章中得到了证实。这意味着为了提升企业运营效率，国有资本可以加快从竞争性领域中退出。我们可以通过国有企业整体上市、实行股份制等方式实现，吸引非国有资本进入，从而实现不同所有制股权的优势互补，利用非国有资本在创新和管理方面的优势提升国有资本的运营效率，非国有资本也可以借助于国有资本在市场、资源和融资等方面的优势不断发展壮大。臧跃茹、刘泉红和曾铮（2016）认为竞争性领域的混合所有制改革应该从追求形式和数量的“粗放式”混合向不同所有制资本产权多元、优势互补、融合发展的注重内涵和质量的“集约式”混合转变，不是单纯强调国有股比例的降低，而是借助于资本融合实现国有企业治理结构的完善和管理模式的创新，从而将国有企业培育成为真正的市场主体。

对于处于重要行业和关键领域的商业类国有企业，应坚持国有资本的控股地位，同时也应该通过特许经营、股权多元化改革等放开竞争性业务，吸引非国有资本进入。

对于公益类国有企业，国有资本应该实行国有独资或控股，加强国有资本的引导作用，同时也可以通过政府购买、特许经营等多种方式，鼓励民营资本或外资参与企业日常运营，对于有条件的企业可以考虑非国有资本参股，推动混合所有制改革。

9.2.2 “一企一策”实施混合所有制

混合所有制改革中应该结合企业所处行业和企业自身情况，因企施策。应该注意到总体而言，国有股比例与运营效率之间存在倒U型关系。在实行“混改”时，国有股变动应该避免进入倒U型关系中的右半部分区域。本书结论显示不同行业国有股比例与运营效率之间呈现不同的关系，这一结论对于不同企业同样成立。不同企业运营效率的最优点同样有显著的差异。每个企业实行混合所有制改革时，应在遵循不同功能国有企业分类推进原则的基础上应结合企业自身特点寻找适合的国有股和非国有股的最佳组合，实现国有资本和非国有资本取长补短、相互促进和共同发展。

9.2.3 完善国有股“有进有出”的流动机制

为了优化企业的股权结构，部分国有企业一方面采取混合所有制改革，适当降低国有股权的比例，推动国有股权由绝对控股向相对控股甚至参股转变；另一方面采用优先股或国家特殊管理股等方式实现国家的控制力和影响力。

我们应该综合运用多种手段实现国有股“有进有出”和合理流动，通过股份制改革和上市实现国有资本合理进入与退出，同时通过优先股和国家特殊管理股等方式保障国有资本的控制力，还需要借助于国有资本投资运营公司和国有资本经营预算实现国有资本存量和增量的调整和优化。

1. 通过股份制改革和上市实现国有股合理进入与退出

在国有企业尤其是母公司层面积极推动股份制改革，明晰由政府掌握的产权部分，为后续引入其他各类非国有资本和实现股权多元化奠定基础，政府和其他持股方同时作为股东身份行使产权。在此基础上，国有企业可以通过上市，通过资本市场上股份的买卖实现国有资本的进入与退出，通过出售股份逐步退出某些领域，通过买入更多股份加强对某些领域的控制和影响。

2. 通过优先股和国家特殊管理股等方式，增强国有资本的影响力和控制力

对于特定行业或领域，当国有企业中通过混合所有制改革引入民营资本或外资等非公有制资本，为了确保国有资本的影响力和控制力，可以允许将部分国有资本转化为优先股。同时在特定领域也可以考虑通过立法、公司章程和股权出售协议这三种方式建立国家特殊管理股，通过特殊管理股政府可以对特定事项实行一票否决权，如果董事会的决策不利于企业长远发展或违背国家战略方针和利益，政府可以通过特殊管理股行使否决权，防止企业核心战略资源资产被恶意收购和接管，从而维持国有资本对重要行业和关键领域的控制力。

3. 利用国有资本投资运营公司和国有资本经营预算实现存量和增量的调整

国有资本投资运营公司和国有资本经营预算在国有资本增量调整、引导国有资本向基础性、战略性和前瞻性产业集中方面发挥了重要作用，然而对于存量的影响力仍较为优先。应进一步发挥国有资本投资公司和国有资本经营预算在引导行业资本投资、提升国有资本控制力和竞争力的作用，力图在存量调整上取得突破。

9.2.4　鼓励非国有资本积极参与混合所有制改革

混合所有制改革的关键之处在于鼓励包括民营企业、外资等在内的非国有资本投资国有企业，从而实现股权多元化并充分发挥多种资本的优势，实现国有资本保值增值，并提升国有资本的创新能力，提升国有资本的国际竞争力，推动国有资本做大做优做强。然而事实上大多数非国有资本持观望态度，参与混合所有制改革的积极性有限。非国有资本愿意入股国有企业，主要出于两个动机：一是作为战略投资人，主动追求控制权；二是作为财务投资人，以实现利润最大化。然而由于我国垄断行业的开放程度有限，非国有资本作为财务投资人进入垄断行业仍然面临各种显性和隐性障碍。同时对大部分国有企业来说，国有资本仍占有绝对或相对控股地位，非国有资本没有足够的话语权，难以影响企业关键决策，很难作为战略投资人，同时非国有资本对于在国有资本“一股独大”的局面下如何维护自身权益仍存在疑虑。因此为了提升非国有资本参与混合所有制改革的积极性，一方面有必要放开垄断行业的竞争性环节，同时垄断行业的垄断环节和公益领域允许非国有资本通过政府购买服务、特许经营等多种方式参与进来，另一方面降低准入门槛，对于竞争性领域的混合所有制改革，可以允许非国有资本控股，作为战略投资人参与到国有企业改革中来。

9.2.5 推动员工持股试点

扩大混合所有制企业员工持股试点范围，从出资入股方式、定价机制、股权管理方式和动态调整机制等多个方面探索员工持股有效形式，可以考虑增资扩股或出资新设等方式试点员工持股，对公司经营业绩、创新能力提升和长远发展有重要贡献的科研人员、经营管理人员和业务骨干作为持股人员。同时建立激励约束长效机制和完善的股权流转和退出机制。

9.3 重视技术效率与规模效率之间的动态平衡

第5章利用DEA模型进行静态分析发现国有资本的技术效率、纯技术效率偏低，规模效率较高。2014—2017年国有上市企业的规模效率都在0.9以上，接近生产前沿，而技术效率为0.7~0.8，纯技术效率为0.78~0.85，相对较低。纯技术效率数值的偏低总体上拉低了国有资本的技术效率。第5章利用Malmquist指数进行动态分析同样发现技术进步指数拉低了全要素生产率，因为技术进步效率仅为0.968。第8章对高技术产业国有资本创新效率的研究发现16个省区市的创新效率是DEA无效的，其纯技术效率和规模效率都是DEA无效的，相对而言规模效率基本在0.9以上，而纯技术效率值明显偏低。纯技术效率损失成为高技术产业国有资本创新效率偏低的主要原因。因此国有资本有必要提升创新能力，降低纯技术效率损失，应以整体效率为“中心”，一方面实现技术效率与规模效率的动态平衡，并着力提升纯技术效率；另一方面通过自主研发与技术引进相结合，提升技术创新与转化能力。

9.3.1 重视技术与规模之间的动态平衡

纯技术效率和规模效率对于提升创新效率同样重要。对于高技术产业的国有资本而言，在纯技术效率一定的条件下，创新效率会随着资源投入规模的扩大而不断提升，然而达到最优规模之后，创新效率反而会下降。同样地，在企业资源投入规模一定的条件下，纯技术效率的提升会使得创新效率不断增加。研究结论显示我国高技术产业国有资本的规模效率很高，资源投入已出现冗余，然而纯技术效率偏低，技术发展相对滞后。因此为提升高技术产业国有资本的创新效率，应综合考虑技术与规模之间的平衡，实现资源从冗余部门向其他部门转移，从而实现资源的最优配置和创新效率的提升。

9.3.2 优化纯技术效率

对于既定的资源投入规模，技术水平越高则创新效率越高，否则会导致投入冗余，资源投入无法及时转化为生产力，从而降低了基于投入产出指标的公司运营效率。在现有的生产技术水平下，国有上市公司的要素投入数量已显冗余，而国有上市公司在技术研发、设备升级等方面的投入稍显不足，使得生产要素投入冗余导致公司运营效率低下。

因此，在今后的生产过程中，国有上市公司应主要通过增加科技研发投入、改良升级生产设备等手段来优化提高技术效率，从而提升公司整体的运营效率。

首先是增加科技研发，创新是公司保持市场优势的重要手段，只有不断创新才能适应市场需求。通过技术创新提高生产周转率，缩短生产周期，从而加快投入要素的生产转化。

其次是改良生产设备，上市公司可以通过技术合作、技术引进等方式获得新一代优良生产设备用来替换生产效率低下的老旧机器。生产设备的改良升级不仅可以加快生产效率还可以减少人员成本，随着科技水平的发展，自动化机器设备甚至是机器人已经可以代替员工进行大批量生产，由劳动密集型向技术密集型转变，不仅减少公司成本还能切实提升技术水平，优化技术效率，从而在整体上提升了公司的综合运用效率。

9.3.3 采取灵活措施吸引外部先进技术

国有企业作为国有资本的重要载体，相较于其他类型企业具有明显的资源和政策优势。企业应该采用多种措施吸引外部先进技术，提升国有资本的创新能力和技术效率。从国家层面，国有企业应坚持“走出去”与“引进来”相结合，一方面采用合资、合作等多种方式提升“引进来”的合作层次，从单纯吸引资本到学习国外先进技术；从省际层面，可以考虑建立跨省高技术产业园，各省区市加强合作交流，推动基础科研的突破，同时提升技术的转化能力；从企业层面，企业之间也可以加强合作，实现强强联合，攻关关键技术。

9.3.4 利用自身的比较优势提升创新效率

研究结论显示不同省域的科技研发能力和人力资源状况明显不同。对于国有资本创新能力高的省份而言，应该扬长避短，进一步提升企业的科研投入，发挥科研优势，通过外包扩张劳动人员数量，扩大企业规模；对于人力资源丰富而自身科研能力较弱的省份，则应通过外部技术引进、雇佣外部技术人员等手段提升科研能力。

9.4 加强国有资本运营效率动态评估和优化

本书通过构建科学的指标体系对国有资本 2014—2017 年的运营效率进行了评估，并结合 Malmquist 指数对效率的变化进行动态分析。我们有必要结合国有资本运营效率的内涵，从经济效率、社会效率等多个角度构建综合的运营效率评价指标体系，对国有资本运营效率进行动态评估，从而为考核评估和后期优化奠定基础。针对国有企业的功能分类，对不同指标赋予不同权重，以商业类企业为例，应该对反映经济效率的财务绩效指标赋予更高权重，而对于公益类企业，应该对反映社会效益的指标赋予更高权重。

第 5 章研究发现基于投入导向 DEA－BCC 模型能够较为合理地测算

国有上市公司样本的运营效率，通过所获得的效率值以及 DEA 模型投影分析，对要素投入的冗余以及产出不足等进行优化，通过具体的改进方案实现非 DEA 有效上市企业向 DEA 有效的转换，从而为公司运营效率改进提供了可选方案。这意味着可以借助投影分析制定具体的效率改进方案。

第10章 混合所有制背景下国有资本运营效率的制度保障研究

为了提升国有资本的运营效率，不仅要妥善处理好政府、国有资本监管机构和国有企业之间的关系，完善国有资本监督管理体制，同时也要通过内功修炼和外部环境优化两个层面健全相关制度体系：一方面在国有企业内部建立有效制衡的法人治理体系和灵活高效的市场化经营机制；另一方面通过构建完备的法制环境和市场体系为混合所有制改革营造良好的外部环境。

10.1 完善国有资本监督管理体制

10.1.1 加快国有资本监管机构职能转变

推动国有资本监管机构职能转变。以国有资本投资运营公司的构建为基础，推动公共管理职能剥离、专司国有资本的监管，并推动政资分离和政企分离。一是将政府的经济管理职能剥离出来，国有资产监管机构专门承担国有资本的监管，不再承担公共管理职能，将公共管理职能交由相关的政府部门负责。二是实行政资分离，将国有资本监管职能和企业出资人职能分开，将企业出资人权利如投资行业选择、投资具体决策、董事会成员选择等权利授予国有资本投资和运营公司，国有资本监管机构行使国有资本监管职能，确保国有资本投资运营符合国家宏观战略和整体利益。三是实行政企分离，将企业出资人职能与企业经营管理职能分开，将部分职能下放给企业，不干预企业的自主经营权，将企业发展长期规划、高级经营管理者聘用权、考核权和薪酬分配权、职工工资总额备案制等多项权力下放给董事会，落实董事会的职权。加快国有资本监管机构职能转变意味着将公共管理职能分离出来，将部分职能下放给企业，不干预企业自主经营权，只行使国有资本监管职能。

明确监管权力清单，精简监管事项，同时明确监管重点，改进监管方式和流程，并完善相应的问责机制。第一，按照“取消一批、下放一批、授权一批、移交一批”的原则精简监管事项，建立监管清单。2017 年国务院办公厅出台的《国务院国资委以管资本为主推进职能转变方案》明确精简 43 项国资监管事项。第二，明确国有资本监管重点，加强对国有资本运营质量和国有产权流转的监管，着力提升国有资本运营质量，同时防止国有资产流失。完善国有资本运营监管，改进国有资本宏观布局，制定企业投资负面清单、制定非主业投资比例，加强对企业投资方向和发展战略的监管。强化国有资产流转监管，强化出资人责任，组织开展国有资产重大损失调查，并及时处理发现的问题，健全国有资本运作流转的监管机制。第三，改进监管方式和流程，一是加强监管专门力量，强化外派监事会监督。外派监事会应该围绕国有资本流转中可能导致国有资本流失的关键环节展开监督。二是将业绩考核和薪酬分配联系起来，建立激励约束相容机制。第四，完善问责机制，对违法违规投资、造成国有资产流失的行为进行责任追究。

10.1.2　推进国有资本投资运营公司综合性改革

国有资本投资运营公司改变了国资委“管人、管事、管资产”的“国资委—国有企业”二级架构，避免直接干预国有企业具体的生产经营决策，以专业市场机构隔离了政府对国有企业的直接干预，从而形成包含国有资本投资运营公司的三级架构。国有资本投资运营公司构建了国资委和国有企业之间的隔离层，国资委可以从国有企业的具体事务中脱身，专司国有资本的监管职能。国有资本投资运营公司代替国资委行使出资人职责，负责优化国有资本的行业布局。

国有资本投资运营公司包含国有资本投资公司和国有运营公司两类：国有资本投资公司通过投融资、设置产业基金和资本整合等引导国有资本加快从竞争性领域退出，向基础性、战略性和前瞻性产业聚集；国有资本运营公司主要通过股权运作、价值管理等方式运营和盘活国有股权。

1. 国有资本投资运营公司的构建

国有资本投资运营公司的构建主要有两种方式：一是重新组建，通过划拨国有企业股权和国有资本经营预算注资组建；二是选择部分国有独资企业改组成立。

从与行业的关系来看，国有资本投资运营公司有三种模式：一是上海和山东模式，把国有资本投资的行业领域分类，在每个领域建立国有资本投资运营公司；二是“淡马锡模式”，在区域范围内建立一个囊括几乎所有行业领域的国有资本投资运营公司；三是“并行模式”，成立横跨多个行业领域的大型国有资本投资运营公司和细分行业领域的小规模国有资本投资运营公司。

国有资本投资运营公司包含国有资本投资公司和国有资本运营公司两类，然而由于地区市场化进程和国有企业规模和改革进程的差异，部分地区分别组建了国有资本投资和运营公司，部分地区将两者融为一体，组建了国有资本投资与运营公司。以山东、重庆和广东为例，不仅分别组建了国有资本投资公司和国有资本运营公司，同时也组建了兼备投资与运营于一体的复合型公司，见表 10－1。

表 10－1　　国有资本投资运营公司类别

地区	国有资本运营公司	国有资本投资公司	复合型公司
山东	山东国有资产投资控股集团	—	改组：鲁信集团、高速集团等 9 家产业型国有资本投资运营公司；新建：齐鲁交通发展集团等 4 家功能型国有资本投资运营公司
重庆	重庆渝富集团 重庆水务资产公司 重庆地产集团	重庆机电集团 重庆化医集团 重庆商社集团	重庆渝康资产经营管理公司
广东	广东恒建投资控股集团	广东粤海控股集团	—

资料来源：何小钢．国有资本投资运营公司改革与国企监管转型——山东、重庆和广东的案例与经验．经济体制改革，2018（2）：24－27.

2. 国有资本投资运营公司与国有资本监管机构之间的关系

对于国有资本投资运营公司而言，国有资本监管机构仅仅行使出资人职权，主要通过选派董事会成员和任命部分监事会成员行使相应的股东权益。

在董事会构成里，应该加大外部董事、高管董事和债权董事的比重，政府任命的董事应该不超过一半，从而保证董事会和监事会决策的科学性。国有资本监管机构的监管职责和国有资本投资运营公司的出资人职责应该分开，国有资本监管机构不应干预国有资本投资运营公司的国有资本布局决策。

3. 国有资本投资运营公司与国有企业之间的关系

国有资本投资运营公司与国有企业之间应该采取市场化运作手段，国有资本投资运营公司仅仅以股东身份，以持股比例和出资额行使股东权益，不会干预国有企业的具体生产经营行为。国有资本投资运营公司作为国资委和国有企业的关键中间层，剥离了政府公共管理职能与出资人职能，一方面国有资本投资运营公司成为“人格化股东”，利用市场化运作模式优化国有资本的宏观行业布局；另一方面国有资本投资运营公司的建立实现了国资委所有权和经营权的分离，不再干预企业的具体生产经营决策。国有资本投资运营公司通过财务性持股或战略性持股进行运作，财务性持股旨在实现国有资本保值增值；战略性持股关注战略性核心业务和行业的控股，关心出资企业战略执行情况。

4. 国有资本投资运营公司市场运作模式

以山东、重庆和广东为例，国有资本投资运营公司一方面通过投融资、资本整合、产业培育等手段优化国有资本的布局，推动国有资本向关系国民经济命脉的重要行业、关键领域和战略型新兴产业集中；另一方面对持有的国有股权进行资本运作和价值管理。典型国有资本投资运营公司市场运作模式见表 10 – 2。

表 10 – 2　　典型国有资本投资运营公司市场运作模式

内容	山东国投	重庆渝富	广东恒建
经营主业	产业项目投融资平台、国有产权交易平台	土地经营、城市建设、金融控股	国有资本投融资、国有资产管理平台
发展战略	以产业基金、创投基金、策略投资、资产管理为服务手段，通过国企重组、改制、上市、退出，实现国有资产向国有资本转变	以金融控股为特征、以产业投资为重点、以基金运作为载体	利用多种融资工具为重点项目融资、资产重组和处置、通过投资参股等支持重点项目建设

资料来源：何小钢．国有资本投资运营公司改革与国企监管转型——山东、重庆和广东的案例与经验．经济体制改革，2018（2）：24 – 27.

下面以津联控股为例，说明国有资本投资运营公司的具体运作手段。2017年3月，天津市国资委将津联控股改组为国有资本运营公司，实行资本运作，津联控股旗下公司有四川晟天新能源发展有限公司、天津市水产集团有限公司、天津津联智达商务信息咨询有限公司等。津联控股一方面承接国有股权，参与集团整合重组和资本运作，同时借助于境内外资本市场，引进战略投资者，加快国有企业改革，同时寻找好的项目资源，推进国有资本优化布局；另一方面津联控股建立了信息产业、医药产业、渤海发展等5支48亿元的国有资本投资基金，累计投资额32.73亿元，截至2016年年底，实现收益5700万元。具体的资本运作手段见表10－3。

表10－3　　津联控股资本运作手段

手段	具体措施
产业投融资、产业培育、资本运作和价值管理	（1）集团重组和资本运作：拆分王朝酒业、天津港发展上市，整合医疗资源，参与天药股份和中环股份定向增发； （2）帮助海鸥表业引进战略投资者； （3）寻找项目机会：参与上海、成都外地项目，布局金融、环保产业
通过母子基金等方式，稳步组建多类型基金	（1）建立5支48亿元国资基金； （2）启动100亿元的国企发展母基金和100亿元的国企改革子基金； （3）1.5亿元御美基金，支持郁美净上市； （4）5亿元申创基金

资料来源：根据Wind数据库和津联控股公司官网披露报告以及相关网页整理。

10.1.3　实现国有企业分类考核和监管

完善国有企业监管机制需要根据国有企业的功能分类，对不同类国有企业分类考核和分类监管。按照国有企业的功能不同分类，国有企业分为三类：处于竞争性领域的商业类国有企业、处于重要行业和关键领域的商业类国有企业和公益类国有企业，应结合国有企业分类改革对于不同类国有企业制定差异化的监管目标，在国有资本宏观布局、资本运作模式、业绩考核等方面实行分类监管，完善国有企业监管体制。

1. 竞争性领域商业类国有企业监管

可以利用《反垄断法》加强对竞争性领域商业类国有企业的监管，对行政垄断加以约束，打破行业垄断和地区封锁，实现要素自由流动和市场有序公平竞争。对于竞争领域的国有企业，应该通过混合所有制改革吸纳非国有资本，实现股权多元化。该类企业应重点考核财务绩效、国有资本保值增值能力，提升国有资本的活力和市场竞争能力，从而实现经济利益最大化。

2. 重要行业和关键领域商业类国有企业监管

重要行业和关键领域商业类国有企业是未来国有资本投资的重点，一是为了执行国家产业政策，加大对战略性和前瞻性产业的投资，引导产业优化升级；二是为了熨平经济震荡，经济处于萧条时投资于基础设施领域。对该类企业进行考核时，不仅要考察经营业绩和国有资本保值增值的状况，同时还要加强对保障国家安全和服务国家战略、推动前瞻性和战略性产业发展或完成专项任务等功能目标的考核，加强对功能目标的监管。

3. 公益类国有企业监管

公益类国有企业也是未来国有资本的投资重点之一。公益类国有企业主要采取国有独资形式，可以引入市场竞争机制，利用特许经营或政府购买服务吸引社会资本参与，同时在对公益类国有企业的考核中应该引入社会评价，考察其在提供公共服务、提升社会整体效益方面的作用。公益类国有企业的监管分为经济性监管和社会性监管。经济性监管主要有市场准入、价格和补贴等；社会性监管包括环境保护、公平就业、消费者权益保护等方面。我们有必要成立综合性的监管部门对公益类国有企业实行专门监管，如可以考虑成立能源部，整合国家煤矿安全监察局与国家发展和改革委员会能源局等部门的职能，对煤炭、石油石化、天然气等资源进行专门监管。

10.2　健全法人治理结构和市场化经营机制

10.2.1　增强董事会的独立性和权威性

健全法人治理结构的关键在于政府不得干预企业的日常生产经营活动，

规范董事会建设，落实董事会职权，将企业培育成为真正的市场主体。将董事会在企业中长期战略规划制定、经理层选聘、考核和薪酬决策权等权力真正落到实处，发挥董事会的作用，维护董事会的独立性和权威性。2016 年国资委启动的国企改革“十项改革试点”之一的董事会职权试点规定国资委将授予试点企业董事会企业战略规划制定、经营管理人员市场化选聘、经营管理层业绩考核和工资管理与员工工资总额备案等 6 项职权。同时有必要改革外部董事管理制度，明确独立董事的职权。在落实董事会职权之后，我们有必要厘清股东大会、董事会、监视会等的权责关系，构建权责清晰、有效制衡的法人治理结构。监事会作为对董事会、经理层成员进行监督的重要监督机构，有必要提高专职监事比例，有效发挥其监督作用，增强监事会的独立性。现阶段可以实行外派监事会制度，国有资本监管机构向国有资本投资运营公司或直管企业外派监事，对企业重大决策和涉及国有资本流转与交易的关键环节以及董事会和经理层的履职情况进行监督。

10.2.2 构建灵活高效的市场化经营机制

为了构建灵活高效的市场化经营机制，有必要推进经营管理者市场化选聘和职业经理人制度，同时建立员工市场公开招聘制度，从而构建企业经营管理人员能上能下、企业员工能进能出的正常流动机制。

推进经营管理者市场化选聘，明确国资委、企业董事会等在管理者选聘和日常管理中的职责与权限，将董事会对经营管理者的选聘权、业绩考核权和薪酬分配权落到实处。利用公开招聘遴选、人才中介机构推荐等多种方式招聘优秀的经营管理人才。

推动职业经理人市场化选聘制度改革，通过任期制和绩效考核建立职业经理人的退出机制，对职业经理人按期考核经营业绩指标完成情况，聘任关系终止后解除劳动合同。为了建立有效的激励约束机制，对职业经理人实行市场化薪酬，同时采用股权激励等中长期激励手段。

10.2.3 建立长效的激励约束机制

扩大企业薪酬分配差异化改革试点范围，对于国有企业负责人完善薪酬分类管理制度，对市场化选聘的职业经理人实行市场化薪酬，建立同国有企业经营绩效挂钩的员工工资决定和正常增长机制，同时规范实施员工持股、股权激励等中长期激励。

10.3　营造公平竞争的市场环境

10.3.1　加强产权保护

建立完整的产权保护制度，包含产权占有、使用、收益和处分等权利。混合所有制企业中对各种所有制经济产权给予同等保护，国有资本和非国有资本在混合所有制企业中的产权同样不可侵犯。建立资源产权市场，允许将共有资源的使用权在市场公开竞标和流转。

10.3.2　建设多层次的资本市场

为了实现国有资本顺利交易和正常定价，有必要建立多层次的资本市场，建立规范的场外交易市场，实现非上市公司股权正常交易，完善股权、知识产权、债权、融资租赁等各种产品交易机制。有必要设立特殊的产业引导基金，引导国有资本和社会资本向重要行业和关键领域集中，从而促进产业优化升级，如津联控股 48 亿元的国有资本投资基金在推动信息产业、医疗产业等产业发展方面发挥了积极作用，深圳 2005 年 200 亿元的新兴产业引导基金，极大地推动了生物科技、互联网、人工智能等新兴产业的发展。建立规范的股权交易市场，推动资本合理流动和资本证券化，同时完善托管、做市商等第三方服务体系。同时完善国有资本定价机制，规范国有资产登记、流转等交易行为，同时利用产权、股权和证券市场合理确定资产价格。

10.3.3　完善政府的配套政策体系

进一步减少政府行政审批事项和行政性配置资源的事项，将政府公共管理职能剥离出来，国有资本监管机构专司国有资本监管，不得干预企业具体生产经营决策。加快垄断行业价格机制改革，规范政府定价行为，推进行政垄断行业成本公开。完善国有企业混合所有制改革上市重组和国有资本产权流转等涉及的国有资产评估、土地使用权变更等相关的工商登记、税收优惠和金融服务政策等。

10.4 建立完备的法制环境

建立健全法律制度体系，为混合所有制改革营造完备的法制环境。加快对物权法、企业国有资产法、企业破产法等有关法律制度进行修改，为改革奠定良好的法律基础，同时加快完善产权保护、市场准入以及国有资产管理制度的相关法律法规。在产权保护方面，对各种所有制的经济产权给予同等保护，国有资本和非国有资本在混合所有制企业中的产权同样不可侵犯。在市场公平竞争方面，放松对非国有资本的准入限制，给予不同资本和各类市场主体平等的准入待遇。在供水、供气、供热、公共交通等市政公用设施，制定允许非国有资本进入的特许经营办法，同时在法律上明确非国有资本的合理回报，不同资本和各类市场主体拥有均等的竞争机会。规范政府、国资委和国有企业三者之间的关系，有必要健全投资、产权和风险管理方面的专项法规，从而健全国有资本监管法律体系，加快开展企业国有资产法的修订工作，同时废止全面所有制工业企业法。依据公司法、企业国有资产监督管理暂行条例和企业国有资产法制定出台出资人监管的权力和责任清单，法无授权不可为，国家不得干预企业的自主经营决策。

参考文献

[1] 常修泽. 新阶段国企发展混合所有制经济的推进方略研究 [J]. 经济社会体制比较, 2017 (06): 4-7.

[2] 陈俊龙, 汤吉军. 国有企业混合所有制分类改革与国有股最优比例——基于双寡头垄断竞争模型 [J]. 广东财经大学学报, 2016, 31 (01): 36-44.

[3] 陈俊龙. 交叉所有权、国有股最优比重与混合所有制经济发展 [J]. 软科学, 2015, 29 (10): 24-28.

[4] 陈仕华, 卢昌崇. 国有企业高管跨体制联结与混合所有制改革——基于"国有企业向私营企业转让股权"的经验证据 [J]. 管理世界, 2017 (05): 107-118, 169, 188.

[5] 陈晓珊. 国有企业混合所有制改革的方式选择——基于社会福利最大化视角 [J]. 首都经济贸易大学学报, 2017, 19 (04): 78-86.

[6] 程承坪, 黄华. 影响混合所有制企业发展的深层次因素分析 [J]. 华东经济管理, 2017 (05): 5-11, 2.

[7] 程承坪, 焦方辉. 现阶段推进混合所有制经济发展的难点及措施 [J]. 经济纵横, 2015 (01): 51-55.

[8] 程承坪, 刘凡. 发展混合所有制经济应把握的若干重大问题 [J]. 学习与实践, 2015 (04): 40-48.

[9] 程恩富, 谢长安. 论资本主义和社会主义的混合所有制 [J]. 马克思主义研究, 2015 (01): 51-61, 158-159.

[10] 董梅生, 洪功翔. 中国混合所有制企业股权结构选择与绩效研究 [J]. 上海经济研究, 2017 (03): 71-77.

[11] 杜媛, 孙莹, 王苑琢. 混合所有制改革推动资本管理创新和营运资金管理发展——中国企业营运资金管理研究中心协同创新回顾及2014年论坛综述 [J]. 会计研究, 2015 (01): 93-95.

[12] 杜运潮, 王任祥, 徐凤菊. 国有控股上市公司的治理能力评价体

系——混合所有制改革背景下的研究［J］. 经济管理，2016，38（11）：11－25.

［13］范茂发，荀大志，刘夏平. 股份制不是全民所有制企业的方向［J］. 1986（01）：17－23.

［14］冯埃生. 混合所有制对债务融资能力的影响——基于国有上市公司的实证研究［J］. 东北财经大学学报，2016（03）：26－32.

［15］高青松，唐芳. 国有企业混合所有制改革理论研究进展及评述［J］. 改革与战略，2016，32（12）：149－154.

［16］葛扬，潘薇薇. 发展民营经济　提升混合所有制经济的运行质量［J］. 南京社会科学，2004（S2）：69－73.

［17］葛扬. 市场机制作用下国企改革、民企转型与混合所有制经济的发展［J］. 经济纵横，2015（10）：46－50.

［18］顾健. 国有企业改革发展混合所有制经济研究［J］. 财经界（学术版），2015（24）：42.

［19］顾钰民. 混合所有制的制度经济学分析［J］. 福建论坛（人文社会科学版），2006（10）：16－20.

［20］郭放，潘中华. 对我国混合所有制企业发展的若干思考［J］. 经济纵横，2015（04）：65－68.

［21］郭放，孙玥璠. 英国国企改革对我国“混合所有制”改革的启示［J］. 经济研究参考，2015（37）：69－73.

［22］郝阳，龚六堂. 国有、民营混合参股与公司绩效改进［J］. 经济研究，2017，52（03）：122－135.

［23］郝云宏，汪茜. 混合所有制企业股权制衡机制研究——基于“鄂武商控制权之争”的案例解析［J］. 中国工业经济，2015（03）：148－160.

［24］何寿奎. 混合所有制下公共投资项目合作模式与治理路径研究［J］. 经济体制改革，2016（01）：139－143.

［25］何伟. 论混合经济［J］. 经济学家，2004（04）：15－19.

［26］胡锋，黄速建. 混合所有制经济的优势、改革困境与上海实践［J］. 经济体制改革，2016（05）：100－105.

［27］胡锋. 混合所有制企业竞争力研究［J］. 上海经济研究，2017（10）：13－21.

［28］黄华. 国有企业发展混合所有制经济的理论与对策——基于生产

力多层与所有制多样的分析 [J]. 甘肃社会科学, 2017 (02): 234 - 239.

[29] 黄建欢, 李卓霖, 尹筑嘉. 混合所有制企业的股东利益冲突、股权混合模式与公司绩效 [J]. 湖南大学学报 (社会科学版), 2017, 31 (01): 68 - 74.

[30] 黄群慧, 余菁, 王欣, 邵婧婷. 新时期员工持股制度的适用性 [N]. 2014 - 08 - 27.

[31] 黄群慧. 新时期如何积极发展混合所有制经济 [J]. 行政管理改革, 2013 (12): 49 - 54.

[32] 黄速建. 中国国有企业混合所有制改革研究 [J]. 经济管理, 2014 (07): 1 - 10.

[33] 吉生保, 王晓珍. 外资研发嵌入与国企研发效率——以价值链视角的高技术产业为例 [J]. 国际贸易问题, 2016 (01): 93 - 108.

[34] 简新华. 必须正确认识和合理推进国有企业的混合所有制改革——不能过分强调混合所有制改革的作用 [J]. 财经科学, 2017 (12): 1 - 4.

[35] 蒋卫华. 混合所有制企业财务绩效实证研究 [J]. 财经界 (学术版), 2016 (19): 262 - 263.

[36] 兰京. 技术创新与融资模式的匹配及其对混合所有制改革的启示 [J]. 经济体制改革, 2016 (03): 31 - 36.

[37] 李红娟, 张晓文. 员工持股试点先行: 值得期待的国企混合所有制改革——基于江苏、江西国有企业员工持股改革分析 [J]. 经济体制改革, 2017 (04): 96 - 101.

[38] 李红娟. 国企混合所有制改革难点及对策 [J]. 宏观经济管理, 2017 (10): 55 - 62.

[39] 李建标, 王高阳, 李帅琦, 殷西乐. 混合所有制改革中国有和非国有资本的行为博弈——实验室实验的证据 [J]. 中国工业经济, 2016 (06): 109 - 126.

[40] 李军, 肖金成. 混合所有制企业中的国有资本管理 [J]. 经济研究参考, 2015 (03): 18 - 25.

[41] 李利英. 我国国有企业改革对企业效率的影响: 对现有研究的一个综述 [J]. 经济经纬, 2005 (06): 96 - 98.

[42] 李念, 李春玲, 李瑞萌. 国有企业混合所有制改革研究综述 [J]. 财会通讯, 2016 (27): 98 - 104, 129.

[43] 李曦辉. 北京市属国有企业混合所有制改革研究 [J]. 首都经济贸易大学学报, 2016, 18 (04): 88 -93.

[44] 李笑一. 国有企业混合所有制改革的困境与出路 [J]. 改革与战略, 2017, 33 (10): 188 -190, 202.

[45] 李永兵, 袁博, 骆品亮. 混合所有制、业务创新与绩效表现——基于我国上市银行的实证研究 [J]. 上海经济研究, 2015 (10): 55 -63.

[46] 厉以宁. 所有制改革和股份企业的管理 [J]. 中国经济体制改革, 1986 (12): 25 -28.

[47] 刘长庚, 张磊. 理解"混合所有制经济": 一个文献综述 [J]. 政治经济学评论, 2016, 7 (06): 25 -41.

[48] 刘方. 促进非公企业参与混合所有制经济发展 [J]. 宏观经济管理, 2016 (04): 34 -36.

[49] 刘凤义, 崔学东, 张彤玉. 发展混合所有制经济需要厘清的几种基本关系 [J]. 天津社会科学, 2016 (01): 85 -90.

[50] 刘瑞明, 石磊. 国有企业的双重效率损失与经济增长 [J]. 经济研究, 2010 (01): 127 -137.

[51] 刘诗白. 试论社会主义股份制 [J]. 经济研究, 1986 (12): 62 -66.

[52] 刘小玄. 中国工业企业的所有制结构对效率差异的影响——1995年全国工业企业普查数据的实证分析 [J]. 经济研究, 2000 (02): 17 -25, 78 -79.

[53] 刘新, 孟瑜. 国有企业混合所有制改革借鉴研究 [J]. 经济研究导刊, 2015 (04): 15 -16, 41.

[54] 刘晔, 张训常, 蓝晓燕. 国有企业混合所有制改革对全要素生产率的影响——基于 PSM - DID 方法的实证研究 [J]. 财政研究, 2016 (10): 63 -75.

[55] 刘运国, 郑巧, 蔡贵龙. 非国有股东提高了国有企业的内部控制质量吗? ——来自国有上市公司的经验证据! [J]. 会计研究, 2016 (11): 61 -68, 96.

[56] 龙斧, 傅征. 西方混合所有制经济的属性辨析与中国"终止论"的终结——四评"资本混合型企业" [J]. 当代经济研究, 2017 (11): 48 -57, 2, 97.

[57] 龙斧, 薛菲. 对"交叉持股、资本融合"作为中国混合所有制

经济实现形式的理论、实践与方法论检验——基于经济学与政治经济学的辨析［J］. 社会科学研究，2017（05）：39 – 47.

［58］卢俊，仝荣伟，叶佳敏. 我国国有企业混合所有制改革的问题及对策——基于中信国安集团案例的研究［J］. 经济体制改革，2015（05）：137 – 143.

［59］倪国华，徐丹丹，谢志华. 国有企业在不同经济发展阶段的效率图谱研究［J］. 数量经济技术经济研究，2014，33（07）：96 – 111.

［60］倪国华，张贤贤，徐丹丹，谢志华. 国有企业、三资企业及私有企业对中国起飞阶段的贡献比较研究［J］. 中国软科学，2016（08）：29 – 39.

［61］蒲宇飞. 完善动态混合所有制结构　焕发经济活力［J］. 经济问题，2013（11）：4 – 10，77.

［62］綦好东，郭骏超，朱炜. 国有企业混合所有制改革：动力、阻力与实现路径［J］. 管理世界，2017（10）：8 – 19.

［63］乔惠波. 混合所有制企业公司治理研究［J］. 经济体制改革，2017（04）：102 – 108.

［64］任栋，卢辉，赵星. 大力发展混合所有制经济［J］. 宏观经济管理，2017（03）：78 – 81.

［65］荣兆梓. 发展混合所有制经济视角的国有经济改革新问题［J］. 经济纵横，2014（09）：71 – 74.

［66］苏京春. 驳与立：六问六思“混合所有制”［J］. 经济研究参考，2015（56）：76 – 89.

［67］孙蚌珠. 深化国有企业改革和发展混合所有制经济［J］. 思想理论教育导刊，2015（03）：46 – 49.

［68］汪平，兰京. 混合所有制会影响资本成本吗？［J］. 经济与管理研究，2016，37（05）：129 – 136.

［69］汪平，邹颖，兰京. 异质股东的资本成本差异研究——兼论混合所有制改革的财务基础［J］. 中国工业经济，2015（09）：129 – 144.

［70］王华，龚珏，朱博雅. 混合所有制改革的典型模式与案例分析［J］. 财政监督，2016（07）：77 – 80.

［71］王伟光，侯军利. 混合所有制下的资本结构、绩效与国有股比例——基于东北地区上市公司数据的实证分析［J］. 辽宁大学学报（哲学社会科学版），2016，44（04）：18 – 24.

［72］王艳．混合所有制并购与创新驱动发展——广东省地方国企“瀚蓝环境”2001～2015年纵向案例研究［J］．管理世界，2016（08）：150－163．

［73］王业雯，陈林．混合所有制改革是否促进企业创新？［J］．经济与管理研究，2017，38（11）：112－121．

［74］王永年．广义混合所有制概念辨析［J］．江淮论坛，2004（06）：21－24．

［75］卫兴华，何召鹏．从理论和实践的结合上弄清和搞好混合所有制经济［J］．经济理论与经济管理，2015（01）：15－21．

［76］吴万宗，宗大伟．何种混合所有制结构效率更高——中国工业企业数据的实证检验与分析［J］．现代财经（天津财经大学学报），2016，36（03）：15－25，35．

［77］吴延兵．国有企业双重效率损失研究［J］．经济研究，2012（03）：15－27．

［78］伍柏麟，俞忠英．企业集团与国有制的改革［C］//中国人民大学中国经济改革与发展研究院论文集．社会主义初级阶段与深化企业改革．成都：四川人民出版社，1987：457－470．

［79］肖贵清，乔惠波．混合所有制经济与国有企业改革［J］．社会主义研究，2015（03）：50－56．

［80］肖彦，裴旭真．企业股权构成特征与会计稳健性——来自A股混合所有制企业的经验证据［J］．宏观经济研究，2017（02）：142－151，175．

［81］徐传谌，张海龙．高端装备制造业国有股权比例的“底部价值陷阱”研究［J］．求是学刊，2018（01）：51－58．

［82］徐丹丹，董莹．国有企业低效率吗？——基于熵权评价法［J］．首都经济贸易大学学报，2017，19（04）：87－95．

［83］徐丹丹，刘超，董莹．我国国有固定资本存量测算及其规模变迁分析［J］．价格理论与实践，2017（06）：79－81．

［84］徐丹丹，孙梦超．混合所有制与国有资本运营效率研究综述［J］．商业经济研究，2015（17）：105－106．

［85］徐丹丹，王帅．地方国有企业分类改革的演进与发展探微［J］．财会月刊，2018（03）：35－40．

［86］徐丹丹，曾章备，董莹．基于效率评价视角的国有企业分类改革

实现路径研究——以高端装备制造业为例［J］. 中国软科学，2017（07）：182－192.

［87］徐丹丹，曾章备. 国企分类改革的实现路径研究现状与展望［J］. 财会月刊，2016（22）：87－89.

［88］许光建，孙伟. 国有企业混合所有制改革的五个关键问题［J］. 宏观经济管理，2018（01）：20－25.

［89］杨红英，童露. 论混合所有制改革下的国有企业公司治理［J］. 宏观经济研究，2015（01）：42－51.

［90］杨汝岱. 中国制造业企业全要素生产率研究［J］. 经济研究，2015（02）：61－74.

［91］杨薇薇. 国有企业混合所有制改革必然性分析与最佳改革成效实现路径研究［J］. 湖北社会科学，2016（10）：82－88.

［92］杨志强，石水平，石本仁，曹鑫雨. 混合所有制、股权激励与融资决策中的防御行为——基于动态权衡理论的证据［J］. 财经研究，2016，42（08）：108－120.

［93］姚东旻，李军林. 国有企业多元功能与运行效率：1999～2016年［J］. 改革，2016（03）：37－48.

［94］姚洋，章奇. 中国工业企业技术效率分析［J］. 经济研究，2001（10）：13－19，28，95.

［95］姚志刚，任渝. 混合所有制国企经营绩效的策略研究［J］. 技术经济与管理研究，2016（06）：62－66.

［96］殷军，皮建才，杨德才. 国有企业混合所有制的内在机制和最优比例研究［J］. 南开经济研究，2016（01）：18－32.

［97］余菁. "混合所有制"的学术论争及其路径找寻［J］. 改革，2014（11）：26－35.

［98］禹心郭，李瑞，任颋. 混合所有制结构、CEO来源与企业创新绩效［J］. 南京财经大学学报，2018（01）：1－10，35.

［99］臧跃茹，刘泉红，曾铮. 促进混合所有制经济发展研究［J］. 宏观经济研究，2016（07）：21－28，113.

［100］张冰石，马忠，夏子航. 国有企业混合所有制改革理论研究［J］. 经济体制改革，2017（06）：5－11.

［101］张晨，张宇. 国有企业是低效率的吗［J］. 经济学家，2011（02）：16－25.

［102］张东明，史册．国有企业实行混合所有制若干观念问题思考［J］．经济体制改革，2015（01）：122－125．

［103］张辉明，陆军芳．混合所有制经济的属性与导入特点的新探究［J］．毛泽东邓小平理论研究，2012（02）：23－28，91－92．

［104］张辉，黄昊，闫强明．混合所有制改革、政策性负担与国有企业绩效——基于1999—2007年工业企业数据库的实证研究［J］．经济学家，2016（09）：32－41．

［105］张乐，韩立岩．混合所有制对中国上市银行不良贷款率的影响研究［J］．国际金融研究，2016（07）：50－61．

［106］张涛，徐婷，邵群．混合所有制改革、国有资本与治理效率——基于我国工业企业数据的经验研究［J］．宏观经济研究，2017（10）：113－126．

［107］张伟，于良春．混合所有制企业最优产权结构的选择［J］．中国工业经济，2017（04）：34－53．

［108］张伟，于良春．混合所有制下纵向一体化的竞争及反竞争效应［J］．经济评论，2015（02）：88－100．

［109］张文魁．国资监管体制改革策略选择：由混合所有制的介入观察［J］．改革，2017（01）：110－118．

［110］张文魁．混合所有制与国资监管如何兼容［J］．中国经济报告，2017（10）：10－16．

［111］张晓雷．马克思主义哲学视野下的混合所有制经济［D］．淮北：淮北师范大学，2010．

［112］张学平，张婧．夹层资本、契约条款治理机制与国有企业混合所有制改革［J］．经济与管理研究，2016，37（01）：31－38．

［113］张兆国，陈华东，郑宝红．资本结构视角下国企混合所有制改革中几个问题的思考［J］．宏观经济研究，2016（01）：86－92．

［114］赵斌斌，钱士茹．混合所有制是否有利于国有企业绩效提升——基于制造业上市公司的实证研究［J］．北京邮电大学学报（社会科学版），2017，19（01）：64－70．

［115］赵春雨．混合所有制发展的历史沿革及文献述评［J］．经济体制改革，2015（01）：48－53．

［116］赵放，刘雅君．混合所有制改革对国有企业创新效率影响的政策效果分析——基于双重差分法的实证研究［J］．山东大学学报（哲学社会

科学版)，2016 (06)：67 – 73.

[117] 赵子坤，李彬，秦淑倩．混合所有制陷阱真的存在吗——来自我国民营类上市公司跨所有制并购的微观证据 [J]．财经科学，2017 (06)：82 – 93.

[118] 中国宏观经济分析与预测本项目组，杨瑞龙．新时期新国企的新改革思路——国有企业分类改革的逻辑、路径与实施 [J]．经济理论与经济管理，2017 (05)：5 – 24.

[119] 周娜，鲍晓娟．国企混合所有制改革轨迹与现实例证 [J]．改革，2017 (02)：77 – 87.

[120] 周绍朋，朱晓静．论加快混合所有制经济发展 [J]．中国行政管理，2015 (04)：99 – 102.

[121] 朱光华．大力发展混合所有制：新定位、新亮点 [J]．南开学报，2004 (01)：3 – 5.

[122] 朱柳明．国企混合所有制改革的路径选择与实现形式研究 [J]．财经界 (学术版)，2016 (23)：125 – 126.

[123] Abramov Alexander & Radygin Alexander & Chernova Maria. State-owned Enterprises in the Russian Market: Ownership Structure and Their Role in the Economy [J]. *Russian Journal of Economics*, 2017, 3 (1): 1 – 23.

[124] Alexander Ljungqvist & Donghua Chen & Dequan Jiang & Haitian Lu & Mingming Zhou. *State Capitalism vs. Private Enterprise* [R]. NBER Working Papers, No, 20930, 2015.

[125] Annalisa Negrelli & Anastasia Roukouni & AngÃ © Lique Chassy. *The Reform of Network Industries* [M]. Cheltenham: Edward Elgar Publishing, 2017.

[126] Arghya Ghosh & Partha Sen. Privatization in a Small Open Economy with Imperfect Competition [J]. *Journal of Public Economic Theory*, 2012, 14 (3): 441 – 471.

[127] Asaftei Gabriel & Kumbhakar Subal C & Mantescu Dorin. Ownership, Business Environment and Productivity Change [J]. *Journal of Comparative Economics*, 2008, 36 (3): 498 – 509.

[128] Aude Le Lannier & Simon Porcher. Efficiency in the Public and Private French Water Utilities: Prospects for Benchmarking [J]. *Applied Economics, Taylor & Francis Journals*, 2014, 46 (5): 556 – 572.

[129] Bai Chong - En & Lu Jiangyong & Tao Zhigang. How Does Privatization Work in China? [J]. *Journal of Comparative Economics*, 2009, 37 (3): 453 - 470.

[130] Bhaumik Sumon Kumar & Dimova Ralitza. How Important is Ownership in a Market with Level Playing Field?: The Indian Banking Sector Revisited [J]. *Journal of Comparative Economics*, 2004, 32 (1): 165 - 180.

[131] Boardman Anthony E & Vining Aidan R & Weimer David L. The Long-run Effects of Privatization on Productivity: Evidence from Canada [J]. *Journal of Policy Modeling*, 2016, 38 (6): 1001 - 1017.

[132] Bogart Dan & Chaudhary Latika. Off the Rails: Is State Ownership Bad for Productivity? [J]. *Journal of Comparative Economics*, 2015, 43 (4): 997 - 1013.

[133] Boubakri Narjess & Cosset Jean - Claude & Saffar Walid. The Role of State and Foreign Owners in Corporate Risk-taking: Evidence from Privatization [J]. *Journal of Financial Economics*, 2013, 108 (3): 641 - 658.

[134] Chen Ruiyuan & El Ghoul Sadok & Guedhami Omrane & Wang He. Do State and Foreign Ownership Affect Investment Efficiency? Evidence from Privatizations [J]. *Journal of Corporate Finance*, 2014, 42 (C): 408 - 421.

[135] Chi Wei & Wang Yijiang. Ownership, Performance and Executive Turnover in China [J]. *Journal of Asian Economics*, 2009, 20 (4): 465 - 478.

[136] Christopher Daniel Watson. People's Republic of China, An Introduction to the Party and Its Socialist Base: Is the Banking and Financial Industry a 'Natural Monopoly'? [J]. *Academic Journal of Economic Studies*, *Faculty of Finance*, *Banking and Accountancy Bucharest*, 2017, 3 (1): 23 - 28.

[137] Christos Triantopoulos & Christos Staikouras. SOEs in Greece: Structural Reforms, Economic Crisis and Financial Constraints [J]. *International Journal of Public Policy*, 2017, 13 (6): 358 - 382.

[138] Dapeng Cai & Yukio Karasawa - Ohtashiro. International Cross-ownership of Firms and Strategic Privatization Policy [J]. *Journal of Economics*, 2015, 116 (1): 39 - 62.

[139] Dong Yizhe & Meng Chao & Firth Michael & Hou Wenxuan. Ownership Structure and Risk-taking: Comparative Evidence from Private and

State-controlled Banks in China [J]. *International Review of Financial Analysis*, 2014, 36 (C): 120 - 130.

[140] Driffield Nigel L & Mickiewicz Tomasz & Temouri Yama. Institutional Reforms, Productivity and Profitability: From Rents to Competition? [J]. *Journal of Comparative Economics*, 2013, 41 (2): 583 - 600.

[141] Esther Wanjugu Gitundu & Sifunjo E Kisaka & Symon Kibet Kiprop & Lawrence Kangogo Kibet. The Effects of Ownership and Corporate Governance Reforms on Efficiency of Privatized Companies in Kenya [J]. *International Journal of Economics and Financial Issues*, 2016, 6 (1): 323 - 331.

[142] Fabio Monteduro. Public - Private Versus Public Ownership and Economic Performance: Evidence from Italian Local Utilities [J]. *Journal of Management & Governance*, 2014, 18 (1): 29 - 49.

[143] Fadzlan Sufian. The Impact of Off-balance Sheet Items on Banks' Total Factor Productivity: Empirical Evidence from the Chinese Banking Sector [J]. *American Journal of Finance and Accounting*, 2009, 1 (3): 213 - 238.

[144] Guy S Liu & John Beirne & Pei Sun. The Performance Impact of Firm Ownership Transformation in China: Mixed Ownership vs. Fully Privatised Ownership [J]. *Journal of Chinese Economic and Business Studies*, 2015, 13 (3): 197 - 216.

[145] Holger Mahlenkamp. From State To Market Revisited: A Reassessment Of The Empirical Evidence On The Efficiency Of Public (And Privately - Owned) Enterprises [J]. *Annals of Public and Cooperative Economics*, 2015, 86 (4): 535 - 557.

[146] J David Brown & John S Earle & Almos Telegdy. The Productivity Effects of Privatization: Longitudinal Estimates from Hungary, Romania, Russia, and Ukraine [J]. *Journal of Political Economy*, 2006, 114 (1): 61 - 99.

[147] Juan Carlos Bárcena - Ruiz & María Begoña Garzón. Privatization of State Holding Corporations [J]. *Journal of Economics*, 2017, 120 (2): 171 - 188.

[148] Liao Li & Liu Bibo & Wang Hao. China's Secondary Privatization: Perspectives from the Split - Share Structure Reform [J]. *Journal of Financial Economics*, *Elsevier*, 2014, 113 (3): 500 - 518.

[149] Li Wei & Xu Lixin Colin. The Political Economy of Privatization and

Competition: Cross - Country Evidence from the Telecommunications Sector [J]. *Journal of Comparative Economics*, *Elsevier*, 2002, 30 (3): 439 - 462.

[150] Lundin - Erik. *Effects of Privatization on Price and Labor Efficiency: The Swedish Electricity Distribution Sector* [R]. Research Institute of Industrial Economics, Working Paper Series 1139, 2016.

[151] Lu Susan Feng & Dranove David. Profiting from Gaizhi: Management Buyouts During China's Privatization [J]. *Journal of Comparative Economics*, *Elsevier*, 2013, 41 (2): 634 - 650.

[152] Marian Moszoro. Efficient Public - Private Capital Structures [J]. *Annals of Public and Cooperative Economics*, 2014, 85 (1): 103 - 126.

[153] Minor Peter & Walmsley Terrie&Strutt Anna. State-owned Enterprise Reform in Vietnam: A Dynamic CGE Analysis [J]. *Journal of Asian Economics*, *Elsevier*, 2018, 55 (C): 42 - 57.

[154] Nandini Gupta. Partial Privatization and Firm Performance [J]. *Journal of Finance*, 2005, 60 (2): 987 - 1015.

[155] Nguyen Xuan. On the Efficiency of Private and State-owned Enterprises in Mixed Markets [J]. *Economic Modelling*, 2015, 50 (3): 130 - 137.

[156] Nicholas Bloom & Raffaella Sadun & John Van Reenen. Do Private Equity Owned Firms Have Better Management Practices? [J]. *American Economic Review*, 2015, 105 (5): 442 - 446.

[157] Omran Mohammed. Post-privatization Corporate Governance and Firm Performance: The Role of Private Ownership Concentration, Identity and Board Composition [J]. *Journal of Comparative Economics*, 2009, 37 (4): 658 - 673.

[158] O'Toole Conor M & Morgenroth Edgar L W & Ha Thuy T. Investment Efficiency, State - Owned Enterprises and Privatisation: Evidence from Viet Nam in Transition [J]. *Journal of Corporate Finance*, 2016, 37 (C): 93 - 108.

[159] Riyad Neman Darwazeh & Mohammad Dabaghia. Privatization Effect on Shareholder Value in the Jordanian State Owned Enterprises [J]. *International Journal of Economics and Financial Issues*, *Econjournals*, 2018, 8 (2): 70 - 78.

[160] Romano Giulia & Guerrini Andrea. The Effects of Ownership, Board Size and Board Composition on the Performance of Italian Water Utilities [J]. *Utilities Policy*, 2014, 31 (C): 18 - 28.

[161] Sajeev Abraham George. Productive Efficiency, Service Quality and

Profitability: a Comparative Analysis of foreign and Private Banks in India [J]. *International Journal of Productivity and Quality Management*, 2016, 18 (4): 518 -536.

[162] Saul Estrin & Jan Hanousek & Evzen Kocenda & Jan Svejnar. The Effects of Privatization and Ownership in Transition Economies [J]. *Journal of Economic Literature*, 2009, 47 (3): 699 -728.

[163] Sheng hui Tong & Eddy Junarsin & Chuntao Li. A Comparative Study of Chinese SOE Firm's Boards and Private Firm's Boards [J]. *Annals of Economics and Finance*, 2015, 16 (2): 291 -314.

[164] Slobodan Cerovic & Nemanja Stanišic & Tijana Radojevic & Nikica Radovic. The Impact of Ownership Structure on Corporate Performance in Transitional Economies [J]. *The AMFITEATRU ECONOMIC journal*, 2015, 17 (38): 441 -441.

[165] Sreedhar Bharath & Amy Dittmar & Jagadeesh Sivadasan. Do Going - Private Transactions Affect Plant Efficiency and Investment? [J]. *Review of Financial Studies*, 2014, 27 (7): 1929 -1976.

[166] Sunil Kumar & Rachita Gulati. Technical Efficiency and Its Determinants in the Indian Domestic Banking Industry: an application of DEA and Tobit Analysis [J]. *American Journal of Finance and Accounting*, 2009, 1 (3): 256 - 296.

[167] Sushma Vegesna & Mihir Dash. Efficiency of Public and Private Sector Banks in India [J]. *Journal of Applied Management and Investments*, 2014, 3 (3): 183 -187.

[168] Tingting Zhou & Juan LI. Does Mixed Ownership Improve the Financial Quality of Chinese Listed Companies?: A case study of SXNBM's Privatization Process [J]. *Nankai Business Review International*, 2017, 8 (3): 367 -388.

[169] Xiaolou Yang. Mixed Ownership Structures and Firm Performance in China Listed Firms [J]. *International Journal of Financial Research*, 2017, 8 (4): 80 -89.

[170] Zhang kai Huang & Lixing Li & Guang rong Ma & Li xin Colin Xu. Hayek, Local Information, and Commanding Heights: Decentralizing State - Owned Enterprises in China [J]. *American Economic Review*, 2017, 107 (8): 2455 -2478.

后　　记

自2013年中国共产党十八届三中全会《中共中央关于全面深化改革若干重大问题的决定》中明确提出，要“积极发展国有资本、集体资本、非公有资本等交叉持股、相互融合的混合所有制经济”，将发展混合所有制经济作为经济高质量发展阶段国有企业改革的重要手段起，有关混合所有制改革的政策文件相继出台，国有企业混合所有制改革的推进如火如荼。与此同时，如何衡量混合所有制企业中国有资本的运营效率、如何优化提升国有资本的运营效率、如何深化体制机制改革保障国有资本的运营效率，从而实现国有资本保值增值并进一步发挥国有资本在经济中的主体地位和主导作用，将成为亟待研究的问题。

本书拟从这一背景出发，深入研究国有资本的运营效率，构建完善的运营效率评价指标体系，并从企业层面和国家体制机制层面提出提升国有资本运营效率的具体政策建议，以期对推动国有资本可持续发展并推动经济高质量增长作出理论贡献。

本书是教育部人文社会科学研究规划一般项目《混合所有制背景下国有资本运营效率的衡量、优化与保障研究》（编号14YJA790066）的研究成果。自2014年开始，经过为期三年的调查和研究，项目终于圆满完成，成果得以出版。

本书的顺利出版，不仅得益于教育部的资助，也得益于2017年度北京市属高校高水平教师队伍建设支持计划——高水平创新团队建设计划项目（IDHT20170505）以及北京工商大学科研处和经济学院的大力支持。本书写作人员主要有北京工商大学徐丹丹、王婕、孙梦超、刘超、曾章备、董莹。北京工商大学经济学院院长倪国华教授、郭毅教授、余向华副教授、程熙镕博士对本书的编写框架和内容设计提出了宝贵意见。经济科学出版社刘丽女士为该书的出版也付出了辛勤的劳动。在此，我们对所有为本书的出版付出心血的领导、同仁和学生们表示衷心的感谢。

本书具体分工如下：绪论，徐丹丹；第 1 章，徐丹丹、孙梦超；第 2 章，徐丹丹、孙梦超；第 3 章，徐丹丹、刘超；第 4 章，徐丹丹、曾章备；第 5 章，徐丹丹、王婕；第 6 章，徐丹丹、王婕；第 7 章，徐丹丹、曾章备、董莹；第 8 章，徐丹丹、孙梦超；第 9 章，徐丹丹、王婕；第 10 章，徐丹丹、王婕。由郑林曼、郎磊、赵天惠和林潇校对。

由于水平有限，本书可能会出现疏漏之处，敬请各位专家、读者指正。

徐丹丹

2020 年 4 月 8 日